마음이 으뜸 되어 모든 일을 이루니

지혜의 말씀 222

마음이 으뜸 되어
모든 일을 이루니 ─

화령 지음

운주사

佛光照處生蓮華

慈香萬里安心靈

머리말

물질문명은 이제 더 이상 발달이 필요하지 않을 정도로 진보하여 생활에 많은 편의와 즐거움을 주고 있습니다. 우리의 시간을 뺏어가던 일상의 일들이 편리한 기기 탓에 과거와는 비교할 수 없을 정도로 수월해졌습니다. 온갖 매체의 발달과 오디오, 비디오의 획기적인 발전으로 우리는 다양한 정보를 마음껏 얻을 수 있고, 또한 그러한 기능들을 통하여 우리의 눈과 귀를 한껏 즐겁게 할 수 있습니다. 이대로라면 인간은 그 어느 때보다도 여유를 누리고 생활을 즐길 수 있을 것 같습니다.

그러나 실상은 삶이 더욱 어려워지고 갈수록 힘들다고 합니다. 인공지능이 개발되어 인간이 하던 많은 일을 대부분 대신해 줄 수 있고 인간의 일손을 크게 도와줄 것이라고 말하지만 괴로운 인간의 삶은 개선될 기미를 보이지 않습니다. 날이 갈수록 사회적 갈등과 분쟁은 더 심해지고 일상의 스트레스는 더욱 커지고 있습니다. 특히 우리 사회는 더듬이를 잃은 벌레마냥 온 사회가 미지의 세계를 향해 불안한 표류를 하는 것 같습니다. 한마디로 물질문명은 발전해도 인간의 삶은 더욱 불행해지고 있다고 밖에는 말할 수 없습니다.

도대체 왜 이런 현상이 나타나는 것일까요? 이 모든 어려움이 사바세계에 태어난 인간의 숙명이기에 그럴까요? 아닙니다. 이 모든 것들은 인간의 어리석음에서 비롯된 탐욕과 이기적 성향 때문에 그런 것입니다. 석가모니 부처님께서는 일찍부터 이러한 인간의 습성을 알아차리시고 수많은 말씀들을 통하여 어리석음을 깨트리고 괴로움으로부터 벗어나라고 하셨습니다. 과학이 아무리 발달하고 물질문명이 발전해도 근본무명에서 비롯된 우리의 탐진치가 사라지지 않는 한은 인간의 괴로운 삶은 연속될 수밖에 없습니다.

여기에 부처님께서 남기신 말씀들을 통하여 우리의 삶을 되돌아보고 이러한 말씀들이 한 줄기 청량한 바람이 되어, 그리고 한 방울의 시원한 감로가 되어 탐진치에 찌든 우리의 마음을 정화해 주기를 바라는 마음에서 이 책을 엮어 내게 되었습니다. 부처님께서 남기신 경전을 중심으로 삶과 수행에 도움이 될 만한 여러 가지 생각들이 담겨 있는 이 조그만 책자가 여러분들의 삶에 자극제가 되고 각성제가 되어 여러분들에게 사바의 고해를 건너는 징검다리가 된다면 저자로서는 더 없는 보람이 될 것입니다.

책의 편집에 힘써 주시고 조언을 아끼지 않으신 운주사 김시열 사장님께 감사드리며, 좋은 책이 되어 나오기를 염원해 주신 주위의 많은 분들, 그리고 이 책을 아껴 주실 많은 독자분들이 부처님의 지혜와 자비의 광명으로 삶이 더욱 행복해지시기를 기원합니다. 아울러 우리의 맑고 고운 마음씨가 온누리에 펼쳐져 아름다운 지구별이 평화와 자비가 가득한 불국정토로 거듭나기를 진심으로 염원합니다.

불기 2568년 7월

화령 합장

1

마음은 모든 것의 근본이 된다
마음이 으뜸 되어 모든 일을 이루니
나쁜 마음으로 말하고 행동하면
괴로움이 곧바로 그 뒤를 따르리라
마치 수레가 소의 뒤를 따르듯이

/ 담마빠다

➜ 우리의 마음 이외에 이 우주에 무엇이 있겠습니까?
끊임없이 변하는 내 마음, 이 마음에 우주의 모든 비밀
이 있습니다. 불교는 마음공부입니다. 바쁜 일상 가운
데에서도 잠시나마 가만히 멈추어 서서 자기의 마음을
들여다보십시오. 자기의 마음을 있는 그대로 볼 수 있
을 때 괴로움에서 벗어나는 길이 있습니다.

2

마음은 모든 것의 근본이 된다
마음이 으뜸 되어 모든 일을 이루니
착한 마음으로 말하고 행동하면
즐거움이 곧바로 그 뒤를 따르리라
마치 그림자가 형체를 따르듯이

/ 담마빠다

→ 일체유심조一切唯心造라는 말이 있습니다. 이 세상 모든 것은 우리의 마음이 조작한다는 뜻입니다. 같은 달인데도 마음이 즐거울 때 보는 달과 고향 생각이 간절하여 슬플 때 보는 달이 달리 보입니다. 내가 착한 마음으로 말하고 행동하면 즐거움이 뒤를 따릅니다. 내가 변해야 세상이 변합니다. 부처 눈에는 부처만 보이고 돼지 눈에는 돼지만 보인다는 말이 바로 이를 두고 한 말입니다.

3

그는 나를 헐뜯고 나를 때렸다
그는 나를 이겼고 내 것을 빼앗았다
이런 생각에 사로잡힌 사람에게
미워하는 마음은 사라지지 않으리라

/ 담마빠다

→ 세상살이를 하면서 모든 것이 내 뜻대로 되라는 법은 없습니다. 수없이 부딪히게 되는 타인과의 갈등은 인생살이의 피할 수 없는 과정입니다. 그렇지만 타인과의 갈등 속에서 공생할 수 있는 지혜로운 길을 모색하지 않고 나의 이익이, 나의 명예가 손해를 보았다고 그저 미워하고 화낸다면 그 자체로 또 하나의 괴로움을 더하는 것이 됩니다. 부처님께서는 첫 번째 화살은 맞아도 두 번째 화살은 맞지 말라고 하셨습니다.

4

그는 나를 헐뜯고 나를 때렸다
그는 나를 이겼고 내 것을 빼앗았다
이런 생각을 내려놓은 사람에게
미워하는 마음은 마침내 사라진다

/ 담마빠다

➜ 우리는 살아가면서 수많은 괴로움을 겪고 있습니다.
마음 편한 날은 아주 잠깐이고 대부분의 시간을 괴로
움 속에서 보내고 있습니다. 그 괴로움 가운데 하나가
누군가를 미워하는 마음입니다. 나를 무시하고 나에게
손해를 입히고 나를 해쳤다고 생각하면서 누군가를 미
워하는 것입니다. 누군가를 미워하면 자신이 먼저 상
처를 입습니다. 미워하는 마음은 스스로를 먼저 망가
뜨려서 육체의 병으로도 나타나고 어리석은 행위로도
나타납니다. 미움은 미워하는 마음을 내려놓을 때에만
사라집니다. 그러면 먼저 자신이 편안해집니다.

5

미움을 미움으로 갚으면
미움은 결코 사라지지 않는다
미워하는 마음을 그칠 때만이
미움은 비로소 풀어지나니
이것은 변함없는 영원한 진리이다

/ 담마빠다

➜ 미워하는 마음은 대체로 가장 가까운 사이에서 생깁니다. 가족이나 친구, 동료 등 가장 가까이서 가장 의지하고 친해야 될 사이가 미움으로 가득찬다면 얼마나 불행하겠습니까? 나의 불행이, 나의 불만족이 모두 그 누군가의 잘못으로 생긴다는 마음이 들어서 남을 미워하게 됩니다. 그렇지만 나의 불행이나 나의 불만족은 사실 나의 마음에서 비롯된 것입니다. 그리고 불행이나 불만족의 원인은 모두 내게 있다는 것을 잊지 말아야 합니다. 미워하는 사람에게 마음을 내려놓고 내가 먼저 다가가 보십시오.

6

남의 허물을 탓하지 말고
힘써 자신을 되돌아보라
무상한 자신을 깨달아 알면
다툼은 영원히 사라지리라

/ 담마빠다

➜ 내 얼굴은 거울이 없으면 볼 수 없습니다. 그러나 남의 얼굴은 거울이 없어도 잘 보입니다. 그래서 사람들은 남의 허물을 먼저 보는 것인지도 모릅니다. 남의 허물을 보기 전에 자신의 허물을 먼저 돌아보라고 했습니다. 세상만사의 무상함을 알면 그까짓 사소한 허물은 아무것도 아닙니다. 남의 자질구레한 허물은 자비로써 감싸주고 나의 허물은 거울에 묻은 티끌처럼 시시각각 털어내어야 합니다.

7

백 년 동안 때 묻은 옷이라도
하루에 세탁하여 깨끗하게 하는 것과 같이
백천 겁 중에 쌓인 모든 악업도
불법의 힘으로 착하게 생각하고 참회하면
하루 한 시에 다 소멸된다

/ 대집경

→ 항아리에 마실 물을 담으려면 우선 항아리를 깨끗이 비워내야 합니다. 깨끗한 물로 여러 번 헹궈내면 더러운 항아리도 깨끗해집니다. 참회를 통하여 나를 깨끗하게 만들어야 나란 그릇에 복을 담을 수 있지 않겠습니까?

8

마음의 다섯 가지 덮개를 벗고
사소한 번뇌도 버려버리고
좋고 싫음에 탐착하지 말며
무소의 뿔처럼 혼자서 가라

/ 숫따니빠다

➜ 마음의 5가지 덮개를 오개五蓋라고 합니다. 탐욕과
성냄, 흐린 마음과 쓸데없는 근심, 그리고 진리에 대한
의심이 오개입니다. 우리의 일상은 거의 오개가 지배
합니다. 수행은 오개를 벗어버리는 것만으로도 충분합
니다. 일상의 번뇌는 모두 이 오개에서 비롯됩니다. 출
가자나 재가자나 오개를 벗어버리지 못하는 한 그 구
분은 의미가 없습니다.

9

불교에서는 수행을 방해하는 것을 마라(māra)라고 합니다. 때로는 마구니라고도 합니다. 마라는 인도 신화에서 사람의 생명을 빼앗고 일을 방해하며 괴롭게 만드는 나쁜 귀신을 말합니다.

마라는 흔히 말하는 악마에 해당되지만 불교에서 말하는 마라는 훨씬 더 포괄적이고 상징적인 의미를 지닙니다. 불교에서는 마음의 번뇌나 애착, 탐욕, 의심, 게으름 등 깨달음을 방해하는 모든 것을 마라라고 부르는 경우가 많습니다. 즉 바깥에서 힘을 가하는 어떤 존재가 아니라 자신의 안에서 일어나는 온갖 사악한 생각을 마라라고 하는 것입니다. 말하자면 우리를 괴롭히고 정신을 어지럽게 만드는 모든 번뇌를 마라라고 합니다.

마라는 바깥에 있는 것이 아니라 늘 자기 마음속에 도사리고 있다는 것을 잊지 말아야 합니다. 그래서 자기 마음을 들여다보는 공부가 필요한 것입니다.

10

쾌락을 좇아 구하지 않고
온몸의 감각을 잘 제어하며
먹고 마심에 절도가 있으며
항상 즐겁게 정진하는 사람을
마라는 결코 무너뜨리지 못한다
마치 바람이 바위산을 허물지 못하듯

/ 담마빠다

➜ 젊은 사람들은 젊음이 늘 그대로 있는 줄 압니다. 그
래서 몸을 돌보지 않고 먹고 마시고 춤추면서 청춘을
갉아먹습니다. 세월이 많이 흐른 뒤에야 젊은 날의 방
탕을 후회하며 눈물짓지만 그때는 이미 늦었지요. 불
교는 위없는 진리를 가리키지만 때로는 우리의 소소한
삶에도 큰 가르침을 줍니다. 스스로를 절제하며 자신
의 일에 정진하는 사람은 바위처럼 무너지지 않고 자
신의 일을 성취합니다.

11

마음의 더러움 버리지 못하고
탐욕에 이끌려 내달리면서
스스로를 제어하지 못하는 사람
그는 가사를 걸칠 자격이 없다

/ 담마빠다

➜ 예나 지금이나 종교인이 바르게 서고 사회를 정신적
으로 잘 이끌 때에 그 나라는 부강하고 편안했습니다.
요즘은 너무 많은 엉터리 종교인 성직자들이 설칩니
다. 이럴 때일수록 우리 불자들은 더욱 눈을 부릅떠야
겠습니다. 사회적 지탄을 받는 출가자가 불교를 무너
뜨립니다. 계행을 잘 지키고 지혜와 자비를 갖춘 참된
출가자를 알아보는 눈이 있어야 불교계가 청정해집니
다. 재가불자들도 바른 눈을 지니고 참된 복전을 찾아
보시하고 공경하십시오.

12

자식과 아내 부모도 버리고
곡식과 재산 친척도 버리고
세속의 모든 욕망 뒤로 하고서
무소의 뿔처럼 혼자서 가라

/ 숫따니빠다

→ 출가 수행자는 마땅히 이러해야 하거늘 일부 출가
승들은 겉모습만 출가승이지 세속적 탐욕과 집착은 오
히려 더 집요합니다. 출가승들이 승가의 주축이 되어
야 함에도 불구하고 재가 거사보다도 못한 이가 많습
니다. 타락한 출가승을 만드는 것은 우매한 불자들 탓
도 있습니다. 스스로가 승보가 되어야겠다는 마음가짐
으로 재가불자들도 더욱 열심히 공부하고 정진해야 합
니다.

13

진실을 거짓으로 여기고
거짓을 진실로 여기는 자는
삿된 소견에 빠지는 것이니
그는 결코 진리에 이르지 못한다

/ 담마빠다

➜ 거짓을 진실로 여기는 것은 지혜가 없기 때문입니다. 많이 듣고 많이 보고 많이 배운 사람은 아무래도 폭넓은 시각을 지니게 됩니다. 부처님께서는 '부처인 나의 말이라도 진리에 비추어 맞다고 확신이 들면 그때 믿으라'고 하셨습니다. 견해가 바르지 못하면 삿된 길로 빠질 수밖에 없습니다.

14

진실을 진실로 알고
거짓을 거짓으로 알아서
바른 소견을 지니는 이는
반드시 진리에 이르게 되리라

/ 담마빠다

➜ 팔정도 가운데에서 정견을 가장 앞에 두는 이유는,
정견이 있어야 모든 것을 바르게 행할 수 있기 때문에
그렇습니다. 모든 것을 재는 자가 부정확하면 그 자로
재는 모든 것은 치수가 틀리게 됩니다. 그처럼 사물과
현상을 보는 눈이 비뚤어져 있으면 그 사람은 무슨 일
을 해도 그릇된 일만 하게 됩니다. 진실을 진실로 알고
거짓을 거짓으로 아는 눈을 갖추려면 끊임없는 공부와
노력뿐입니다. 바른 눈을 갖추도록 끊임없이 공부하고
정진합시다.

15

허술한 지붕에 비가 새듯이
마음을 조심해 닦지 않으면
욕망이 스며들어 이를 허문다

/ 담마빠다

→ 구명대는 바늘만한 구멍이 생겨도 곧 바람이 빠져 못쓰게 됩니다. 깊은 물에서 구명대에 의지하여 구호를 기다리다가 구명대에 구멍이 나면 바로 죽은 목숨이 됩니다. 우리가 마음을 닦는 것도 이와 같아서 계율에 조그마한 구멍이 생기면 더 큰 타락으로 이어질 수 있습니다. 마음을 닦는 데에도 이처럼 바늘구멍만한 빈틈도 허용하지 않아야 도의 궁극에 이를 수 있습니다.

16

잘 이은 지붕은 비가 새지 않듯이
마음을 제어하여 닦는 이에게
욕망은 결코 스며들지 못한다

/ 담마빠다

➔ 우리의 마음은 변덕스러우면서 연약합니다. 남의 칭찬에 금방 우쭐해지다가도 조금만 싫은 소리를 들으면 곧 풀이 죽어 버립니다. 나이가 들면 이런 현상은 더 심해져서 남의 충고에 귀 기울이지 않게 됩니다. 특히 높은 지위에 있는 사람들은 달콤한 말만 들으려고 하기 때문에 아첨하는 사람들만 가까이 두려 합니다. 그러나 선정으로 마음을 닦은 불자들은 언제 어디서나 의연합니다. 자신에 대한 평가는 스스로가 더 잘 알기 때문이지요.

17

너 자신을 의지처로 삼고
진리를 의지처로 삼아라.
그리고 쉬임 없이 정진하라.

/ 대반열반경

→ 이는 부처님께서 마지막으로 우리에게 당부하신 말씀입니다. 부처님의 가르침은 일시적으로 한정된 장소에서만 반짝하고 인기를 끌다가 사라지는 그러한 것이 아니라 2,500년이 지난 지금도 온 인류에게 여전히 빛을 발하고 있습니다. 부처님의 가르침은 어느 것이나 진리에 부합하는 것이기 때문에 출가와 재가를 막론하고 골고루 적용될 수 있는 가르침이며, 우리의 일상생활에서 곧바로 적용될 수 있는 지극히 실용적인 가르침입니다. 추상적이고 관념적인 가르침이 아니라 괴로움으로부터의 해탈이라는 대명제를 향하여 나아가는 데에 직접 도움이 되는 가르침입니다.

18

비록 경전은 많이 외워도
깨어 있지 못하고 게으른 자는
남의 소를 세고 있는 목동과 같이
바른 진리 얻기는 어려우리라

/ 담마빠다

➜ 경전을 베껴 쓰는 사경寫經도 매우 훌륭한 수행의 한 방법입니다. 정성들여 경을 베끼다 보면 어느새 마음이 가라앉고 집중이 됩니다. 그렇지만 경전을 몇백 번이나 베껴 썼다는 사람이 경전의 의미도 모른다면 그야말로 수박 겉핥기와 다름없습니다. 그러한 사경이라면 콩나물 다듬기랑 무엇이 다르겠습니까? 경전 한 구절을 외우는 것도 중요하지만 그 의미를 알고 실천하는 것이 더 중요합니다.

19

무상無常은 끊임없이 변해 가는 것을 말합니다. 그래서 무상이라고 하면 허무로 생각하는 사람들이 많습니다. 그러나 사실 무상이라고 하는 것이 있기 때문에 우리의 노력과 의지 여하에 따라서 미래를 변화시킬 수 있는 것입니다.

신의 뜻에 내맡기고 우연에 방치하는 그런 생활 태도를 불교에서는 부정합니다. 순간순간을 방심하지 말고 자신을 살펴 바른 길로 나아가야 합니다. 지금 이 순간에 생각하고 말하고 행동하는 모든 것이 업이 되어 미래의 결과로서 나타납니다. 그렇기 때문에 과거도 미래도 아닌 지금 이 순간이 무엇보다도 중요합니다.

20

삼학三學을 잘 배우지 않고
그저 많이 들은 인연으로 남을 업신여기면
이 사람은 선법을 가로막는 것이다

/ 문수불경계경

→ 불교를 공부하는 데에는 계戒, 정定, 혜慧 삼학이라
는 것이 있습니다. 계는 일상생활에서 자신을 잘 절제
하는 것입니다. 절도 없이 방탕한 생활 속에서는 마음
이 고요해질 수가 없습니다. 바른 생활 가운데에서만
차분한 마음이 생깁니다. 정定이란 마음을 고요히 하
여 자신을 살피는 힘을 기르는 것입니다. 그래야 지혜
가 생깁니다. 지혜가 있어야 괴로움의 바다를 건널 수
있습니다. 계정혜 삼학은 불교 공부뿐만 아니라 일상
의 모든 공부에도 적용됩니다. 우리가 무엇 한 가지에
숙달하려면 그것을 공부하기 위한 마음 자세가 발라야
하고 거기에 집중할 수 있어야 합니다. 그래야 그것을
마음대로 운용할 수 있는 지혜가 생기기 때문입니다.

21

착한 일을 행한 자는
이 생에서도 기뻐하고
저 생에서도 기뻐한다.
스스로 행한 착한 일을 보면서
복을 받으며 더욱 즐거워한다

/ 담마빠다

➜ 착한 일은 스스로를 괴로움에서 벗어나게 하는 일이
며 남들도 괴로움에서 건져주는 일입니다. 재물이 넉
넉하면 부족한 사람에게 나누어주고 인재를 키우며 사
회에 도움이 되는 일을 하면 됩니다. 지식을 갈고 닦은
사람은 그 지식으로 사회를 이롭게 하고 모르는 사람
을 이끌어주는 것이 착한 일입니다. 그리고 착한 일을
하는 사람을 보면서 자신도 함께 기뻐하면 그것도 착
한 일이 되어 복이 됩니다. 착한 일은 자신도 기쁘게 하
고 남들도 기쁘게 만드는 일입니다.

22

악한 짓을 저지른 자는

이 생에서도 후회하고

저 생에서도 후회한다.

스스로 지은 악을 생각하면서

죄를 받으며 더욱 괴로워한다

/ 담마빠다

➡ 우리 속담에 때린 놈은 웅크리고 자고 맞은 사람은 뻗고 잔다는 말이 있습니다. 나쁜 짓을 저지른 사람은 자기가 나쁜 짓을 저질렀다는 것을 누구보다도 잘 압니다. 자기의 나쁜 짓이 들킬까봐 늘 불안해하며 마음 졸이고 삽니다. 거기에 더하여 남들의 비난을 받으며 자기의 나쁜 짓에 대하여 항상 후회하고 괴로워하며 삶을 마치게 됩니다. 그리고 그 괴로움은 다음 생까지도 이어져서 그를 괴롭힙니다.

부처님의 가르침에는 어려운 교리만 있는 것이 아닙니다. 우리가 일상생활에서 지혜롭게 살아가는 방법을 늘 쉬운 말로 일러주고 계십니다.

불교의 수행이 꼭 좌선하고 앉았거나 염불에만 있는 것은 아닙니다. 평소에 마음을 잘 살펴서 화가 날 때 자신을 잘 다스리는 것이 수행입니다. 몇 십 년을 수행했다고 해도 자존심 좀 상한다고 길길이 날뛰면 그게 수행입니까? 그것보다는 남이 화낼 때에 조용히 마음을 가라앉히고 그 사람의 화를 풀어줄 수 있는 사람이 진정한 수행자입니다.

가장 자비로운 사람이 가장 잘 닦은 사람이라는 말이 있습니다. 그렇습니다. 화를 다스릴 줄 아는 사람이야말로 자신에게도 승리하고 남에게도 승리하는 진정한 승리자입니다.

24

불교를 공부하는 데에 있어서 가장 중요한 것은 정견 正見을 확립하는 것입니다. 정견은 바른 견해를 말합니다. 견해라는 것은 사물을 관찰하고 상황을 판단하며 결정을 하는 데 있어서의 바른 통찰력과 생각을 말합니다.

견해가 바르지 못하면 어떤 일을 할지라도 잘못된 길을 가게 됩니다. 대통령이 욕을 먹고 사회 지도자들이 손가락질을 받는 것도 바른 견해를 지니지 못해 사태에 올바로 대처하고 행동하지 못했기 때문입니다. 한 사람의 인생이 그릇된 길로 들어서게 되는 것도 견해가 바르지 못해서 생기는 일입니다.

견해가 발라야 모든 것을 바르게 처리할 수 있고 대중들을 이끌더라도 바르게 이끌 수 있습니다. 그래서 정견이 팔정도의 첫머리에 오는 것입니다.

25

화내는 사람에게 화로 되갚음은 어리석은 일이다.
화내는 자에게 화내지 않는 자는 두 가지 승리를 얻
게 된다. 타인의 성냄을 알아 자신을 정념靜念으로
가라앉히는 자는 자신에게도 승리하고 남에게도 승
리하는 것이다.

/ 아함경

➜ 상대방이 화를 낼 때 화를 내지 않는 것은 참으로 어
렵습니다. 누가 화를 낸다고 해서 같이 화를 내면 일을
더 그르치게 됩니다. 상대방이 화를 낼 때는 틀림없이
이유가 있을 것입니다. 어떤 경우에는 오해 때문에 화
를 낼 수도 있겠지요. 누군가가 화를 낼 때는 덩달아서
화를 내기보다 조용히 마음을 가라앉히고 왜 화를 내
는 것일까를 살펴보아야 합니다. 부처님께서 정념으로
자신을 가라앉히라고 하신 것이 이것입니다. 그렇게
하다 보면 그 사람이 화를 내는 원인을 분석해 볼 수 있
고 오해가 있다면 쉽게 풀 수 있을 것입니다.

26

바른 생각으로 힘써 정진하고
깨끗한 행동으로 악을 멸하며
스스로 제어하여 청정하게 살면
그 사람의 명성은 더욱 빛난다

/ 담마빠다

→ 부처님의 말씀은 너무 쉽고 뚜렷하여 뭐라고 토를
붙일 것이 없습니다. 다른 종교의 교주들처럼 알 듯 모
를 듯 혹은 말도 안 되는 것 같은데 억지로 믿어야 할
그런 것이 없습니다. 바른 생각으로 힘써 정진하고 깨
끗하게 행동하며 스스로를 제어하여 청정하게 산다면
그런 사람이 성인 아니겠습니까? 이런 분 한번 만나뵈
면 좋겠습니다. 이런 분을 못 만나더라도 우리가 스스
로 이렇게 살기를 노력한다면 어느 날엔가는 '큰 바위
얼굴'의 주인공처럼 우리도 그렇게 되어 있을지 누가
압니까?

27

물고기가 그물을 찢는 것처럼
모든 속박을 끊어버려라
불탄 곳은 다시 불이 붙지 않는다
무소의 뿔처럼 혼자서 가라

/ 숫따니빠다

→ 우리가 이 사바세계에서 사는 것은 물고기가 그물
에 걸린 것과 같습니다. 아무리 벗어나려고 해도 벗어
나기가 정말 힘듭니다. 그러나 연꽃의 지혜를 배운다
면 진흙탕 속에서도 때 묻지 않고 홀로 설 수 있습니다.
그것은 언제나 마음을 고요히 하여 탐진치가 일어나는
것을 살펴가며 조심조심 살아가는 것입니다. 탐진치를
잘 다스리면 몸은 비록 속세에 있으나 마음은 항상 정
토에 있을 수 있습니다.

28

비록 경전은 조금 알아도
바르게 행하여 탐진치 버리고
바른 뜻 깨달아 얽매임 없이
이 생에도 저 생에도 집착 않으면
이런 사람 진정한 수행자이다

/ 담마빠다

➜ 남방불교권에서는 삼장법사라고 하여 경율론의 삼
장을 통째로 외우는 스님이 있다고 합니다. 정말 대단
한 기억력이지요. 그렇지만 그 스님이 부처님이 되었
다는 소리는 못 들었습니다. 아마 이 분은 경전의 뜻을
새기고 실천하기보다는 오직 외우기에만 집중한 것 같
습니다. 녹음기나 문자가 없던 옛 시절에는 이런 사람
들의 역할이 무척 중요했지만 지금은 아무 소용이 없
게 되었지요. 그래서 경전의 뜻을 바르게 알고 거기에
맞추어 실천하는 것이 무엇보다도 중요하다고 말씀하
신 것 같습니다.

29

불교에서는 우리를 괴로움에 빠트리는 세 가지로 욕심 [탐貪], 화냄[진瞋], 어리석음[치癡]을 들고 있습니다. 해를 끼치는 이 세 가지를 삼독三毒이라고 하여 괴로움 의 원천으로 보고 있습니다. 탐진치 삼독을 한 마디로 무명이라고도 합니다. 이 무명 때문에 우리는 괴로움 속에 살고 있습니다. 무명을 완전히 벗어버리는 것이 해탈이고 열반입니다.

우리가 일상생활에서 욕심내고 화내고 어리석은 이 세 가지만 잘 살펴도 완전한 부처는 못될지라도 일상생활 을 상당히 수월하게 이끌어 갈 수 있을 겁니다. 내가 헛 된 욕심을 내는 것은 아닌지, 내가 무엇 때문에 화가 나 는지, 지금 이런 짓을 하고 있는 것은 아무에게도 도움 이 되지 않는 어리석은 짓은 아닌지 시시각각 살피며 삶을 이끌어 간다면 최소한 괴로운 삶은 살지 않게 될 것입니다.

30

깨어 있으면 죽음의 길을 피할 수 있고
깨어 있지 못하면 죽음의 길로 들어선다
깨어 있는 이는 죽음을 초월하고
깨어 있지 못하면 죽은 것과 같다

이러한 이치 밝게 알아서
지혜로운 이는 항상 깨어 있으니
그 속에서 즐거움 누리게 되고
마침내 성인의 경지 얻게 되리라

/ 담마빠다

➡ 깨어 있다는 것은 항상 자신의 마음을 살펴서 괴로
움의 원인을 제거하고 다시는 괴로움을 만들지 않도록
노력하는 것을 말합니다. 우리는 어리석어 깨어 있지
못하고 잠들어 있습니다. 잠 속에서 악몽을 꾸며 늘 괴
로움에 시달립니다. 깨고 나면 모든 게 악몽이었다는

것을 알지만 깨어 있지 못하고 잠들어 있기 때문에 실체도 없는 괴로움에 시달립니다. "깨어 있으라!" 이것은 부처님의 한결같은 말씀입니다.

31

항상 깨어서 바른 진리 생각하며
스스로 굳세게 바른 행을 닦으면
괴로움의 모든 굴레 벗어버리고
마침내 진정한 평화 얻게 되리라

/ 담마빠다

➡ 진정한 평화란 깨달음 뒤에 오는, 괴로움이 완전히
없어진 경지를 말하는 것으로, 불교에서는 이것을 열
반涅槃이라고 합니다. 열반은 빨리어 닙바나(nibbāna)를
한자로 옮긴 것으로서 니르바나(nirvāna)라고도 합니다.
욕심과 성냄, 어리석음의 탐진치를 불에 비유하여, 이
것이 꺼진 상태를 열반이라고 합니다. 우리를 괴롭게
하는 탐진치의 불이 꺼지고 안온한 상태로서, 깨달음
뒤에 오는 진정한 평화는 항상 깨어서 진리를 생각하
며 노력 정진하는 가운데에서 얻어집니다.

32

부지런히 행하며 항상 깨어서
스스로 마음을 다스리는 이는
자신을 섬으로 삼고 의지처로 삼아
어떠한 급류에도 휩쓸리지 않는다

/ 담마빠다

➜ 한결같이 부지런하면 어려운 일이 없고, 모든 것을
참으며 인내하면 집안에 평화가 깃든다고 했습니다(一
勤天下無難事, 百忍堂中有泰和). 자기 자신을 닦는 일도 마
찬가지입니다. 몸의 근육을 단련하는 것처럼 깨어 있
는 마음으로 부지런히 정진하면 마음의 힘이 강해집니
다. 그러한 힘으로 자신을 믿고 앞으로 나아가야 합니
다. 이 세상에 믿을 것은 단 하나, 자기 자신입니다. 불
행도 행복도, 괴로움도 즐거움도 결국은 스스로가 결
정하는 것입니다. 스스로에 대한 확신이 없으면 무너
지는 것은 한순간입니다. 한결같은 부지런함으로 항상
깨어서 스스로의 평화를 누리십시오.

어리석은 자들은 진리를 모르고
방일함에 자신을 던져버리나
지혜 있는 사람은 항상 깨어서
부지런히 정진함을 보배처럼 여긴다

/ 담마빠다

➔ 항상 깨어 있으며 선한 행위를 하기 위해 노력 정진
하는 것을 불방일不放逸이라고 합니다. 수행자는 게으
른 것도 경계해야 하지만 욕망이 이끄는 대로 끌려가
지 않고 항상 깨어 있는 마음으로 자신을 살피고 진리
를 관찰해야 합니다. 불방일은 수행자뿐만 아니라 일
상생활을 이끄는 누구에게나 필요한 덕목입니다. 어떤
일을 성취하고자 하는 사람은 늘 자신의 일에 대하여
연구하고 노력하며 게을리 하지 말아야 합니다.

34

마음이 고요하고 흔들리지 않으면 지혜가 우러나옵니다. 우리가 잘못을 저지르게 되는 것은 마음이 흔들리고 요동쳐 지혜가 일어나지 못해서 그렇습니다. 평정심을 유지하지 못하기 때문에 마음이 들뜨기도 하고 침울해지기도 합니다. 욕심으로 마음이 조급해지기도 하고 화가 나서 마음이 부글부글 끓어오르기도 합니다. 그래서 바른 판단을 하지 못하고 잘못을 저지르게 됩니다. 마음이 흔들림에 따라 지혜 구멍이 꽉 막혀 버립니다.

일상생활에서 참선을 권장하는 것도 우리의 요동치는 마음을 잔잔히 가라앉히기 위해서 그렇습니다. 우리의 마음이 고요히 가라앉아 움직이지 않으면 맑은 물에 사물의 모습이 바르게 나타나듯이 온갖 현상이 제 모습을 드러냅니다. 거기에서 지혜가 나오는 것입니다.

35

거친 말을 하지 말라
화가 나서 대꾸하면
화가 도리어 자신에게 미친다

/ 담마빠다

➔ 가는 말이 고와야 오는 말이 곱다는 우리나라 속담
이 있습니다. 상대에게 거친 말을 하면 상대도 반감을
가지고 거친 말로 응수합니다. 그렇기 때문에 불교에
서는 항상 온화한 말로 사람들을 대하라고 가르칩니
다. 온화한 말씨는 상대를 배려하고 아끼는 자비심에
서 나옵니다. 남을 위한 자비는 결국 자기에게도 행복
을 가져다줍니다.

36

지혜와 자비는 불교의 양 날개

수행은 지혜와 자비를 기르는 것이다

몸을 혹사하는 것이 수행이 아니다

/ 환당대종사

➤ 불교의 수행은 지혜와 자비를 기르는 것입니다. 자비의 실천행이 없는 지혜는 쓸모가 없으며, 지혜 없는 자비는 상대를 망칩니다. 그래서 옴마니반메훔을 진언 중의 으뜸이라고 하는 것입니다. 육자대명왕진언이 이 진언의 이름입니다. 여섯 글자로 된 진언 중의 으뜸이라는 뜻입니다. 옴마니반메훔의 진언에는 지혜와 자비가 나에게 갖추어지기를 바라는 염원이 들어 있습니다.

깨어 있지 못하고 게으른 것을 방일放逸이라고 합니다.
즉, 마음을 놓아버리고 나태해지는 것입니다. 수행자는
항상 깨어 있으면서 자신을 살피고 깨달음을 얻기 위
하여 노력 정진해야 하는데 이러한 상태가 느슨해지는
것을 방일이라고 합니다.

옛 스승님들은 항상 방일해지는 것을 경계해야 한다고
말씀하셨습니다. 방일은 일상생활에서도 큰 손해를 가
져옵니다. 학생이 학업에 열중하지 않는 것도 방일이
며, 운전중에 정신줄을 놓고 딴 생각을 하다가 사고를
내는 것도 방일하기 때문에 그렇습니다. 각자의 맡은
바 임무에 정신 바짝 차리고 충실하는 것이 방일하지
않는 것입니다. 방일하지 않는 것, 즉 불방일은 수행자
뿐만 아니라 일상생활을 이끌어 가는 누구에게나 필요
한 덕목입니다. 방일하지 마십시오.

38

제석천은 방일하지 않음으로써
천신의 무리에서 으뜸이 되었다
방일하지 않으면 칭찬을 받고
방일하면 언제나 비난을 받는다

/ 담마빠다

→ 제석천은 고대 인도의 신화에 나오는 번개신으로서
인드라라고 합니다. 천신의 우두머리이지요. 그러한 제
석천조차도 방일하지 않음으로서 천신의 우두머리가
되었다고 합니다. 자신을 절제하고 부지런한 사람은
늘 사람들의 칭송을 받습니다. 그렇지 못한 사람들은
비난을 받고요.

39

스스로를 살피며 깨어 있음 즐기고
방일할까 두려워 걱정하는 수행자는
번뇌에 얽혀 있는 모든 속박을
불과 같이 태워서 없애버린다

/ 담마빠다

➜ 불교에서 말하는 속박은 우리를 괴로움에 얽어매는 것입니다. 여기에는 10가지가 있는데, 우선 5개의 큰 속박에는 ①자신이 존재한다는 신념, ②진리에 대한 의심, ③규칙이나 의식을 고집하는 것, ④관능적인 갈망, ⑤악의·증오가 있고, 5개의 작은 속박에는 ①물질적 존재에의 갈망, ②비물질적인 존재에의 갈망, ③자만, ④들뜸, ⑤진리를 모르는 무지가 있습니다. 괴로움을 가져오는 이러한 속박을 벗어나려면 불교 공부밖에 없습니다. 막연한 불교 사랑이 아니라 공부하는 불자가 되시기 바랍니다.

40

스스로를 살피며 깨어 있음 즐기고
방일할까 두려워 걱정하는 수행자는
삼계의 모든 번뇌 끊어 없애니
그는 벌써 열반에 가까이 있다

/ 담마빠다

➡️ 식욕, 수면욕, 음욕 등의 오욕이 강한 세계인 욕계欲
界, 욕계와 같은 탐욕은 벗어났으나 아직도 물질적인
것에 대한 애착이나 관념이 남아 있는 세계인 색계色
界, 색계를 벗어난 정신적인 세계이지만 아직도 존재에
대한 욕망인 유애有愛가 남아 있는 무색계無色界를 삼
계라고 합니다. 천신들도 이 삼계를 벗어나지 못합니
다. 그러나 방일함을 벗어버리고 깨어 있는 참 불자는
삼계를 벗어나 열반을 얻습니다.

41

불교는 괴로움에서 벗어나게 해주는 종교입니다. 아무 생각 없이 경전을 외우거나 다라니를 염송하는 것도 때로는 마음의 평화를 가져다주기도 하지만, 근본적으로는 그 의미를 잘 알아야 합니다. 염불 소리를 듣기만 해도 마음이 평화로워질 때가 있지만 우리의 괴로움을 근본적으로 치유하기 위해서는 그것만으로는 부족합니다. 공부하고 생각하는 그러한 불자라야 근본적인 괴로움에서 벗어날 수 있습니다. 그래서 불교를 고등 종교라고 하는 것입니다.

세속 사람은 재미없어 하지만
성자에게 숲속은 즐겁기만 하다네
세속의 모든 욕심 버려두고서
감각의 즐거움도 돌보지 않기에
그는 숲속에서 즐거움을 누린다

/ 담마빠다

→ 우리 현대인은 이제 돌아갈 숲을 잃었습니다. 과거
의 성자들이 한가히 거닐던 그런 숲은 이제 없어졌습
니다. 인간의 발길이 닿지 않는 곳이 없고, 인간은 모든
곳을 오염시키고 있습니다. 우리는 이제 우리 마음 가
운데에 나만의 숲을 만들어야 합니다. 탐진치를 버린
곳에 나의 숲이 있습니다.

43

우리의 행복은 양에 있는 것이 아닙니다. 우리는 자기가 바라는 것이 충족되면 그것으로 행복해질 수 있다고 착각합니다. 전세 살면서 자기 집 한 채 가지는 것이 소원이다가 조그만 집이라도 하나 마련되면 행복해집니다. 그러나 그 행복감은 잠시뿐입니다. 곧 돌아서서 더 큰 집을 못 가져 안달입니다. 차가 없어 불편해 하다가 차를 한 대 샀습니다. 그러나 새 차를 산 기쁨도 잠시뿐입니다. 좀 지나고 나면 더 좋은 차를 가지지 못해 안달합니다.

우리 범부 중생들은 평생을 이런 식으로 사느라 잠시도 행복함을 느끼지 못합니다. 남에게 손가락질 받아가면서도 이를 악물고 돈 벌어서는 죽을 때 자식들 싸움만 시켜 놓고 가는 사람들도 많습니다. 우리의 행복은 결코 재물의 많고 적음에 있지 않습니다. 베푸는 마음으로 살면 그 순간 행복이 찾아옵니다.

44

빈궁한 사람에게 보시할 때는
가여운 마음을 일으키고
복전에 보시할 때는 기쁘고
공경하는 마음을 일으키며
친우에게 보시할 때는
정진하는 마음을 일으켜야 한다

/ 우바새계경

➔ 보시에 힘쓰게 되면 탐심을 다스리게 되어 마음이
편안해집니다. 탐심으로 인해서 가지고 싶은 것을 가
지지 못하면 괴롭고 화가 납니다. 이것이 번뇌입니다.
인색하고 탐하는 마음을 가지고는 자신도 괴로울 뿐더
러 남을 위한 어떠한 선행도 할 수가 없습니다. 보시는
남을 위해 재물을 베풂으로써 탐심을 없애는 것입니
다. 탐심이 없어지면 괴롭고 화날 일도 없습니다.

45

양설하여 다른 이 해치지 않고
악담이나 욕설을 하지 않으며
거짓말과 꾸밈말 않는 사람은
다섯 가지 좋은 것 항상 얻는다

/ 분별선악소기경

➜ 우리가 가장 쉽고 크게 저지르는 잘못 중에는 입으로 저지르는 잘못이 가장 많습니다.

거짓말하지 않고, 이간질하지 말며, 쓸데없는 말을 말며, 악담을 하지 않으면, 신용이 있고 존경 받으며, 입에서 향기가 나고 치아가 좋아지며, 천상에 태어나면 천인의 사랑을 받고, 인간세에 태어나면 부귀를 누립니다.

46

마음은 가벼워 이리저리 날뛰니
지키기 어렵고 다루기 어렵다
그러나 지혜 있는 사람은
스스로 마음을 바르게 한다
화살 만드는 사람이 화살을 곧게 하듯

/ 담마빠다

→ 가만히 앉아서 자기의 마음을 1분만 바라보십시오.
자기의 마음이 얼마나 멋대로 날뛰는지 금방 알 수 있
을 것입니다. 그래서 때로는 이 나무에서 저 나무로 까
불면서 팔짝거리고 다니는 원숭이에 마음을 비유하기
도 했습니다. 당신의 마음은 어떤가요?

47

어리석은 사람은

스스로를 원수 삼아

마음껏 악행을 저지르다가

마침내 큰 재앙에 이르게 된다

/ 담마빠다

> ➔ 사람들은 이 세상에 정말 인과라는 것이 있는가 의심합니다. 잘못을 저지르며 여러 사람들을 힘들게 만드는데도 떵떵거리며 잘 사는 사람들이 있습니다. 반면 어떤 사람들은 성실히 사는데도 어려움이 끝도 없이 닥칩니다. 그런 것을 보면서 이 세상에 인연과보란 빈 말이며, 그저 운에 맡겨 사는 게 더 편할지도 모르겠다고 아무렇게나 사는 사람들이 있습니다. 그러나 그것은 지극히 짧은 안목으로 인과를 바라본 것에 불과합니다. 악의 열매가 익기 전에는 악인도 행운을 만나고, 선의 열매가 익기 전에는 착한 사람도 고난을 당합니다. 그러나 결국은 다 자기가 지은 대로 받게 됩니다.

48

마른 땅에 올려진 물고기처럼
마음은 언제나 두려워 떨고 있다
마라의 속박에서 벗어나지 못하고
몸부림치면서 파닥거린다

/ 담마빠다

➾ 인간은 강한 척해도 자세히 들여다보면 늘 두려움과 괴로움에 떨고 있는 불쌍한 존재입니다. 약한 사람일수록 자신을 감추기 위하여 더 센 척합니다. 오죽하면 이렇게 마른 땅에 올려진 물고기에 비유했겠습니까? 죽음을 향해 할딱거리며 하루하루를 살아가는 것이 우리 어리석은 중생들의 모습입니다. 불교의 진리만이 우리를 이러한 삶에서 건져낼 수 있습니다.

49

대자대비 관세음께 지성귀의 하옵나니
반야의배 어서빨리 오르도록 하옵시고
대자대비 관세음께 지성귀의 하옵나니
고통바다 어서빨리 건너지게 하사이다

/ 천수경

➜ 우리가 사는 세상을 사바세계라고 합니다. '사바娑
婆'는 인도말로, 괴로움을 견뎌내야 하는 곳을 말합니
다. 우리는 이미 과거의 업보로서 이 사바세계에 던져
졌기 때문에 하루하루를 괴로움 속에서 견뎌낼 수밖에
없습니다. 우리 어리석은 인간은 조그만 행복을 얻기
위하여 수많은 괴로움과 힘듦을 견뎌내야 합니다. 그
래서 이 세계를 고해苦海라고도 합니다. 괴로움이 가득
찬 이 사바세계를 무사히 건너려면 불보살님의 지혜와
자비의 등불에 의지하지 않을 수 없습니다.

50

욕심을 따라 날뛰는 마음은
알아보기 어렵고 다루기 어렵다
지혜 있는 사람은 마음을 다스려
그것으로 인하여 행복을 얻는다

/ 담마빠다

→ 욕심은 자기의 노력은 생각하지도 않고 큰 것을 바라는 마음입니다. 세상에 공짜는 없습니다. 그런데도 사람들은 더 큰 욕심에 모아 놓은 재산을 허무하게 날리기도 합니다. 사기꾼들은 욕심 많은 사람들을 노립니다. 욕심에 의해서 자신을 파멸시키고 남도 불행하게 만듭니다. 그러나 지혜 있는 사람은 지혜로써 욕심을 다스립니다. 그래서 늘 행복하게 살 수 있습니다.

51

지혜로운 자와 평생을 사귀어도
어리석은 자는 진리를 모른다
마치 숟가락이 국맛을 모르듯이

/ 담마빠다

➜ 선지식과 함께하는 것은 도를 다 이룬 것과 같다고
했습니다. 훌륭한 도반들과 함께하는 기쁨에 대해 아
난다가 '도의 절반을 이룬 것과 같다'고 했더니 붓다께
서는 '훌륭한 도반과 함께하는 것은 도의 절반이 아니
라 도를 다 이룬 것과 마찬가지다'고 하셨습니다. 그러
나 어리석은 자들은 선지식과 함께 있어도 누가 선지
식인지조차도 모릅니다. 그런 선지식을 알아보기 위해
서는 자기 스스로가 지혜를 기르고 수준을 높여야 합
니다.

52

마음은 오로지 욕심을 따라
이리저리 날뛰어 제어하기 어렵다
그러므로 마음을 다스리는 것은
무엇보다 훌륭하며 행복을 가져온다

/ 담마빠다

➜ 욕심은 그야말로 자신의 분수에 맞지 않는 바람을
가지는 것입니다. 공부는 하나도 하지 않고 일류 학교
에 가려는 것이 욕심입니다. 남에게 베푼 것은 없으면
서 큰 부자가 되려는 것도 욕심입니다. 자기의 모습은
살펴보지도 않고 존경 받으려는 것이 욕심입니다. 그
래서 욕심은 자기를 불행하게 만드는 가장 큰 원인입
니다. 마음을 다스려 욕심을 제어하는 것만으로도 우
리는 괴로움에서 벗어날 수 있습니다.

53

무조건 믿는 것이 맹신이고
헛된 것을 믿는 것이 미신이다
불교는 미신과 맹신을 배격한다
오직 지혜를 밝혀
괴로움의 이 바다를 건너고자 한다

/ 환당대종사 어록

➜ 무조건 믿는 것이 맹신이고 헛된 것을 믿는 것이 미
신입니다. 21세기의 지금 세상에도 미신과 맹신이 여
전히 판치고 있습니다. 과학이 이렇게 발달한 지금에
도 사람들의 정신 수준은 별반 나아 보이지 않습니다.
미신과 맹신을 강요하는 종교가 합리적이고 과학적인
불교보다 더 큰 교세를 자랑하는 것을 보면 아직도 우
리 인류는 가야 할 길이 먼가 봅니다. 괴로움의 바다에
서 여전히 괴로워하고 싶어 하는가 봅니다.

54

사물을 대하되 그저 있는 그대로 받아들이기만 하면
우리의 마음이 움직일 일이 없습니다. 좋고 싫어할 게
없다는 말입니다. 사물뿐만 아니라 현실에서 나타나는
온갖 현상에 대해서도 마찬가지입니다. 예를 들어, 누
가 나에게 뭐라고 하면 그것에 대해 좋다거나 싫다는
생각이 듭니다. 칭찬해 주면 우쭐해지고 비난을 받으
면 화가 치밉니다. 칭찬을 해 주는 사람은 좋은 사람이
고 비난을 하는 사람은 미운 사람이 됩니다. 마음이 들
뜨기도 하고 부글부글 끓어오르기도 합니다.

그러나 마음이 흔들리지 않고 안정된 사람은 칭찬이
든 비난이든 개의치 않습니다. 외부의 사물이나 현상
에 반응하면서 끊임없이 요동치는 우리의 마음을 거두
어 조용히 바라보면서 지혜를 밝히는 것이 바로 불교
의 선정입니다.

55

혼자서 마음대로 돌아다니고
깊은 곳에 숨어서 보이지도 않는
그 마음을 다스려 제어한다면
마라의 속박에서 벗어나리라

/ 담마빠다

➜ 우리의 마음은 잠시도 가만히 있지 못합니다. 그리
고 이 마음은 없애지도 못합니다. 잠시 무엇에 홀린 듯
마음을 뺏기기도 하지만 돌아서면 그 마음은 다시 나
타납니다. 그러한 마음을 붙들어 다스릴 줄 알아야 합
니다. 우리를 괴로움으로 끌고 가는 마라는 마음이 다
스려질 때에만 물러갑니다.

56

불교의 근본 목적은
괴로움을 멸하는 것이다
우리의 신행활동은 모두
괴로움을 근절하기 위한 것임을 알라

/ 환당대종사 어록

➜ 우리가 경을 읽고 절을 하고 염불을 하며 참선을 하는 것은 모두 괴로움을 끊기 위한 공부입니다. 우리는 이것을 수행이라고 합니다. 수행을 통하여 괴로움을 없애겠다는 것이 불교입니다. 불교신행은 모두 괴로움을 끊기 위한 방법 가운데 하나입니다. 불교는 오직 괴로움을 뿌리 뽑는 것이 목적입니다. 그러려면 먼저 괴로움이 무엇인지를 바르게 알아야 하지 않을까요?

우리는 늘 괴롭다고 말하면서도 사실은 괴로움의 실체를 제대로 보지 못하고 있습니다. 기껏해야 경제적으로 시달리거나 자기의 뜻대로 되지 않는 것에 화를 내는 것이 고작입니다. 쉽게 말하면 자기의 욕심대로 되지 않는 것에 괴로워하는 것이지요. 그러다가 조금 자기의 뜻대로 이루어지면 헤헤거리며 즐거워하지만 이내 또 괴로워합니다. 이것이 인간의 쳇바퀴 같은 인생입니다. 괴로움의 실체를 제대로 보지 못하는 한 이러한 괴로움은 늘 되풀이됩니다. 그래서 괴로움의 실체를 바로 아는 것을 괴로움에 대한 성스러운 진리라고 하는 것입니다. 고성제苦聖諦가 바로 이것입니다.

58

마음이 들뜨고 진리에도 어두우며
신념도 없이 흔들리는 사람에게
지혜의 완성은 멀고도 멀다

/ 담마빠다

→ 부처님이 설하신 진리를 굳게 믿고 마음을 다스리며 지혜를 밝히는 자에게 괴로움은 없습니다. 지혜의 완성은 확고한 진리에의 신념과 굳센 정진으로 마음을 다스리는 길밖에는 없습니다.

59

진리에 대한 확신 혹은 붓다의 가르침에 대한 믿음이
신념입니다. 부처님이 말씀하신 진리를 믿고 흔들림
없는 신념을 지니는 것이 신심입니다. 불교의 신심은
터무니없는 것을 무조건 "믿습니다"만 외치는 그런 신
심이 아닙니다. 부처님 말씀에 의지하되 진리인지 아
닌지 스스로 검증한 다음 믿으라고 하셨습니다. 불교
는 다른 종교처럼 맹목적인 믿음이 아니라 진리에 부
합할 때에만 믿는 그런 종교입니다. 스스로 안 믿어지
는데 그걸 억지로 믿어야 하는 그런 종교가 아닙니다.
인연법을 무시하고 기적만 바라는 그런 종교는 사실
사기입니다. 그런데도 많은 사람들은 사교에 현혹되고
있습니다. 그만큼 중생들이 어리석다는 반증이기도 합
니다.

60

방일한 마음을 스스로 금하여

그것을 물리친 자 현자라 하네

그는 이미 지혜의 누각에 올라

근심도 벗어놓고 안락을 얻어

어리석은 무리를 내려다본다

마치 산 위에서 아래를 보듯

/ 담마빠다

➔ 길을 알고 가는 사람과 어디로 가는지도 모르고 가는 사람은 하늘과 땅만큼의 차이가 있습니다. 목표를 알고 또 거기에 이르는 길을 아는 사람의 삶은 여유가 있습니다. 그리고 늘 즐겁습니다. 근심을 하더라도 자신의 문제가 아니라 어리석은 이웃, 불행한 이웃을 걱정하는 근심입니다. 그리고 이러한 사람들을 돕는 데서 삶의 기쁨을 얻습니다. 이러한 삶은 지혜로운 자가 누리는 특권이라고도 할 수 있습니다.

61

부지런히 수행하여 지혜를 얻은 자는 모든 근심을 털어버리고 느긋하게 인생을 관조할 수 있습니다. 지혜가 있는 사람은 몸은 바빠도 마음의 여유를 즐길 수 있습니다. 그러나 어리석은 사람은 항상 불만으로 가득 차서 몸과 마음이 다 고달픕니다.

지혜가 있다는 것은 단순히 낙관적으로만 매사를 보라는 말이 아닙니다. 자기 최면에 걸려 남이야 어떻게 되든 나만 편하게 지내면 된다는 이기적인 생각도 아닙니다. 나도 편하고 남도 행복하게 해 줄 수 있는 능력을 갖추는 것이 지혜로운 삶입니다. 지혜가 없으면 남을 위한다고 한 것이 도리어 그 사람을 해치는 경우도 있습니다. 그러나 지혜로운 사람은 자신뿐만 아니라 다른 사람도 행복하게 만들어줍니다. 그리고 그러한 사람의 삶에는 늘 여유가 배어나옵니다.

62

불교를 공부하는 사람들 중에는 공의 실천이 곧 중도에 있다는 것을 알지 못하고 허무주의에 빠지는 이들이 있습니다. 이런 사람들은 공의 의미를 잘못 해석하여, 일체가 공이라면 선이 어디 있으며 악이 어디 있는가라고 하면서 막행막식을 하기도 합니다. 모든 것이 무無로 돌아간다면 거리낄 게 뭐가 있느냐는 식으로 허무주의에 빠져 계행도 무시하고 무기력한 일상을 보내는 것입니다. 공을 아무것도 없는 것으로 생각하여 인과라는 것도 없다고 생각하기 때문에 그렇습니다. 이것은 공이 연기에 바탕을 둔 제법諸法의 실상을 밝힌 것이라는 것을 모르고 공을 아무 것도 없는 허무로 해석하여 도리어 공에 얽매인 경우라고 할 수 있습니다.

63

깨어 있는 이는 속세를 떠난다
속세에서 즐거움을 구하지도 않는다
호수를 떠나는 백조처럼
그는 집을 버리고 떠나버린다

/ 담마빠다

→ 지금은 속세를 떠날 수도 없는 시대입니다. 아무리
깊은 산중도 관광지가 되어 있고, 사람들이 찾아옵니
다. 유명한 사찰도 모두 관광지가 되어 버려 조용한 수
행처는 찾기 어렵습니다. 이제는 재가보살의 시대입니
다. 굳이 속세를 떠나지 않더라도 온갖 중생들과 어울
려 부대끼면서 수행을 해 나가는 것이 대승보살도입니
다. 진정한 보살은 숨지 않습니다. 대승보살에게는 사
바가 극락이고 극락이 사바입니다.

64

번뇌가 없고 흔들림이 없으며

선과 악도 초월하여 깨어 있으면

그 어떤 두려움도 침범하지 못하리라

/ 담마빠다

→ 불교에는 계정혜 삼학이라는 것이 있습니다. 자신을 잘 제어하여 계행을 잘 지키면서 선정을 닦기를 노력한다면 지혜의 길이 열리게 됩니다. 번뇌가 없고 흔들림이 없으려면 자신의 마음을 잘 관찰하고 다스리는 것이 가장 기본입니다. 그것이 계입니다. 일상생활에서 절도가 없는 사람이 어떻게 선정에 들 수 있으며 지혜를 추구할 수 있겠습니까? 우리 불자들은 삼귀의계의 의미를 바로 알고 실천하는 것이 가장 먼저 할 일입니다. 그리고 오계를 통하여 일상을 이끌어나가야 합니다. 계가 바로 지켜져야 선정과 지혜를 바라볼 수 있게 됩니다.

65

뱀의 독을 약으로 다스리듯이
치미는 분노를 억누르는 수행자는
이 언덕도 저 언덕도 모두 버린다
뱀이 묵은 허물을 벗어버리듯

/ 숫따니빠따

➜ 화를 내는 것은 모든 공덕을 불태워버리는 것과 같
습니다. 화가 나는 것은 내 뜻대로 되지 않기 때문에 그
렇습니다. 만약에 세상이 다 내 뜻대로만 되면 제대로
돌아가겠습니까? 모든 사람이 다 제 뜻대로 되기를 바
라고 그것이 이루어지는 세상이 과연 있기나 할까요?
이 사바세계는 참아야 할 곳입니다. 모든 것이 내 뜻대
로 되지 않는, 참아야 할 곳이 바로 이 사바세계의 의미
입니다. 그러니 화 내지 마십시오.

66

그대들이 만약 뗏목의 비유를 이해한다면, 그때는 선법도 곧 버려야 하거늘 하물며 선법이 아닌 것이야 더 말할 나위가 있겠느냐?

/ 아함경

➜ 뗏목의 비유라는 것은, 뗏목을 타고 강을 건넌 후에는 뗏목을 내려놓고 가야지 둘러메고 가는 어리석음을 저질러서는 안 된다는 것입니다. 진리를 뗏목 삼아 열반의 저 언덕에 다다른 뒤에는 그 진리조차도 집착하지 말고 버려야 할 것인데 진리 아닌 것이야 더 말할 나위가 있겠느냐는 말씀입니다. 물론 이것은 부처님의 가르침을 무시하라든가 선악을 부정하라는 것이 아닙니다. 다만 아무리 좋은 것이라 하더라도 거기에 집착하게 되면 그것과 맞지 않는 것은 배척하여 싫어하고, 자기의 신념만을 고집하고 집착하는 독선에 빠질 염려가 있기 때문입니다.

67

이 몸은 물병처럼 깨지기 쉬우니

마음을 성처럼 굳건히 세워

지혜로써 번뇌와 싸워 이겨서

그것을 지키되 집착하지 말라

/ 담마빠다

➜ 우리의 몸은 정말 연약합니다. 하지만 마음만은 무엇보다 굳셀 수 있고 거침이 없습니다. 연약한 이 몸이지만 우리가 인간 세상에 태어난 것은 더할 나위 없는 복입니다. 지옥 아귀 축생 등의 세계는 수행을 하고 싶어도 너무 고통스러워 엄두도 못 내고 천상 세계는 너무 편해서 수행할 생각을 못 내지만, 우리가 사는 인간 세상은 괴로움과 즐거움이 적절히 섞여 수행하기에 딱 좋은 환경입니다. 부디 마음을 굳세게 지켜 더 이상의 괴로움에는 빠지지 말기 바랍니다.

68

불교에서 공의 도리를 말하는 것은 모든 집착을 벗어나 마음의 안락을 얻고자 하는 것인데, 도리어 공을 잘못 해석하여 스스로의 발전을 포기하는 경우가 있습니다. 또 공의 실천으로서의 중도를 어떤 것에도 집착하지 않고 얽매이지 않는 것이라고 하니까 이를 잘못 해석하여 자기의 입장을 애매하게 한다든가 어떤 문제에 대하여 이것도 아니고 저것도 아니라는 양비론兩非論적인 모호한 태도를 취하는 경우도 있습니다. 이러한 것도 애매하거나 모호한 입장을 취한다는 하나의 견해나 태도에 집착하는 그릇된 공견이라고 할 수 있습니다.

매일 읽는 『반야심경』에는 공의 이치가 잘 나타나 있습니다. 뜻도 제대로 모르면서 외우기만 할 것이 아니라 뜻을 제대로 이해하고 읽는다면 반야바라밀이 거기에 나타납니다.

69

이 몸은 오래지 않아
땅으로 돌아가리라
의식이 몸을 떠나면
해골만이 홀로 나뒹굴 것이다
마치 쓸모없는 나무토막처럼

/ 담마빠다

→ 젊은 사람들은 불교를 이해하기가 좀 힘들지도 모릅니다. 젊음이 마냥 그대로일 줄 알고 의기양양, 그야말로 하잘것없는 일에 고뇌하며 방황합니다. 하잘것없다는 말은 인생을 좀 경험한 사람들 눈에는 그렇게 보인다는 말입니다. 그런 젊은 사람들에게 괴로움이니 죽음이니 공이니 무상이니 하는 말들이 귀에 들어오겠습니까? 나이가 좀 들어야 삶에 대해서 좀 겸손해지기도 하고 부처님 말씀이 더 와 닿고 진리에 가까이 가고 싶은 마음이 생깁니다. 짧은 인생, 허비하지 말고 불교 공부를 통하여 진리에 매진해야겠습니다.

70

거짓말로 다른 이에게 죄를 뒤집어씌우지 말며
나쁜 말을 전하지 말고
서로 다투어서 남을 중상하지 말며
듣지 않는 것을 들었다 하지 말고
보지 않은 것을 보았다 하지 마라

/ 아함정행경

➜ 인터넷이 발달한 요즘은 누군가 거짓 소문을 퍼뜨리면 순식간에 번져 나갑니다. 피해 당사자는 돌이킬 수 없는 상처를 입고 괴로운 나머지 자살을 하기도 합니다.

있지도 않은 거짓말로 남에게 피해를 입히는 것은, 지금은 모르지만 그러한 과보가 언젠가는 스스로에게도 닥칩니다. 불자들은 오직 진실만을 말해야 하며 남을 험담하는 일체의 말을 삼가야 합니다.

71

눈을 아래로 두고 두리번거리지 말라
모든 감관을 똑바로 주시하며
마음을 지키되 번뇌에 휩쓸리지 말고
욕망의 불꽃에 타오르지도 말며
무소의 뿔처럼 혼자서 가라

/ 숫따니빠다

➜ 지금은 옛날과 달라서 사회가 매우 복잡해졌습니다.
그만큼 소비도 늘어나고 사람들을 현혹하는 것들도 많
이 생겨났습니다. 특히 무분별하게 쏟아지는 광고는
감관感官을 자극하여 자칫하면 유혹에 넘어가기 쉽습
니다. 이런 때일수록 마음을 다잡아 감관을 제어해야
합니다. 불교의 마음공부가 어느 때보다도 필요한 시
대입니다.

72

적이 적에게 주는 해보다
원수가 원수에게 주는 해보다
나쁘게 먹은 마음이 자신에게 주는 해는
이보다 더욱 크게 스스로를 해친다

/ 담마빠다

→ 누구를 미워하면 미워하는 대상보다도 우선은 자신
이 더 괴롭습니다. 그런 어리석은 짓을 왜 해야 합니
까? 억울하고 부당한 일을 당하더라도 그 원인을 먼저
나에게서 살펴보는 것이 좋습니다. 상대편의 허물은
사실 나의 허물의 반영입니다. 사람들은 그런 것을 모
르고 미워하는 대상을 밖에서만 찾으려고 합니다. 미
워하는 마음의 싹은 이미 내 안에서 자라고 있습니다.
그런 것을 깨칠 때 미움도 사라지고 내 마음이 편안해
집니다.

73

향기는 바람을 거스르지 못하니
전단이나 재스민도 바람을 못 이긴다
그러나 진실한 이의 덕의 향기는
바람을 거슬러 두루 퍼진다

/ 담마빠다

➔ 후세에 오래도록 이름을 남긴 사람들은 나름대로 삶에 충실하며 진실을 추구했던 사람들입니다. 거짓 없고 깨끗한 삶을 사는 사람들은 반드시 복을 받습니다. 그러나 그러한 삶은 이 사바세계에서는 견디기 어려운 삶입니다. 나는 진실하게 살고 있는가? 어려운 삶 속에서도 한 번쯤은 스스로에게 물어봅시다.

74

무지와 어리석음으로 백 년을 사느니
연기의 이치를 알고 사는 하루가 낫다

/ 담마빠다

→ 연기緣起란 모든 것은 인연화합에 의하여 일어나고
멸한다는 우주의 근본 원리입니다. 공空과 함께 불교사
상의 가장 중요한 개념으로서 연기를 제대로 알면 진
리를 다 이해한 것입니다. 우리가 지혜를 닦는 것은 연
기의 이치를 바로 보기 위한 것이며, 그것은 또한 괴로
움을 멸하는 길이기도 합니다.

75

어떤 것이 정견인가? 이른바 성인의 제자는 고를 고로 생각하고 집을 집이라고 생각하며 멸을 멸이라고 생각하고 도를 도라고 생각할 때, 혹은 본래 지은 바를 관찰하거나 모든 행을 생각하기를 배우며 모든 행의 재환을 보거나 열반과 그치어 쉼을 보며, 혹은 집착이 없는 착한 마음의 해탈을 생각하여 관찰할 때 두루 가리어 가진 법을 결정하며, 두루 보고 관찰하여 훤히 안다. 이것을 정견이라고 한다.

/ 분별성제경

→ 불교에서 어떤 것을 정견이라고 하는가? 불교에서 말하는 바른 견해란 불교적인 바른 세계관, 인생관으로서의 연기의 도리와 삼법인, 사성제에 대해서 바르게 아는 것입니다. 세상 모든 이치와 원리를 알아도 사성제를 바로 알지 못한다면 정견에 못 미친다는 것을 알아야 합니다.

76

먼저 스스로를 바르게 세우고

그런 다음 다른 이를 가르쳐라

그러면 현자는 비난받지 않으리라

/ 담마빠다

➜ 남을 가르치고 남을 이끄는 사람은 스스로가 바로 서야 합니다. 자신은 바로 하지 못하면서 남들에게 바로 하라고 하는 것은 말이 안 됩니다. 특히 종교인이 그러면 정말 보기 싫습니다만, 이러한 원칙은 가정에서나 사회에서도 다 통용되는 원칙입니다. 비난받지 않으려면 스스로가 먼저 바로 서야겠습니다.

77

일신의 쾌락만을 좇아 구하며
자신의 감각을 제어하지 못하고
먹고 마심에 절도가 없으며
게으르고 나약하여 정진 않는 사람을
마라는 쉽게 무너뜨린다
마치 바람이 약한 풀을 넘어뜨리듯

/ 담마빠다

➜ 짧지 않은 생애 동안 제 주위에서는 많은 사람들이 돌아가셨습니다. 연세가 지긋하여 살 만큼 살다가 돌아가신 분들은 그래도 좀 낫지만 너무 일찍 죽어버린 사람들은 참 안 됐다는 생각이 들기도 합니다. 특히 호기롭게 주량을 자랑하고 놀기 좋아하던 사람들 중에 일찍 죽은 사람들이 많습니다. 조금만 더 절제된 생활을 했더라면 좀 더 살아서 가족들에게 힘이 되지 않았을까 하는 생각을 해 봅니다.

78

어머니나 아버지 친척이 있어
아무리 나에게 도움을 준다한들
올바른 마음이 자신에게 주는
그러한 복덕에는 미치지 못하리라

/ 담마빠다

→ 부모가 있고 친척이 있어도 자기의 운명은 자기 손에 달려 있습니다. 아무리 금수저를 물고 태어났어도 자기의 마음가짐과 행실 여하에 따라 그 복을 누릴 수도 있고 금방 까먹을 수도 있습니다. 아무리 어려운 환경에 처했어도 바른 마음을 지니고 노력하여 성공하는 사람이 있습니다.

79

연꽃을 줄기 채 뽑아버리듯
애욕을 완전히 끊어버린 수행자는
이 언덕도 저 언덕도 모두 버린다
뱀이 묵은 허물을 벗어버리듯

/ 숫따니빠다

➔ 애욕은 정말 끈질기게도 따라다니는 놈입니다. 8,90
의 나이에도 애욕 때문에 괴로워하는 사람들을 많이
봤습니다. 젊은이들은 노인들은 나이가 들면 애욕이고
뭐고 없이 그냥 꾸역꾸역 사는 걸로 압니다. 그러나 몸
은 늙어도 마음은 잘 늙지 않습니다. 죽을 때까지도 버
리지 못하는 애욕, 그 애욕을 끊는 것이 불교공부입니
다. 연꽃을 줄기 채 뽑아버리듯 부처님의 지혜와 자비
로 그렇게 애욕을 뽑아버립시다. 괴로움의 씨앗인 애
욕을 없애야만 이 세상도 저 세상도 버릴 수 있습니다.

80

얼마나 많은 태어남과 죽음을
얼마나 많은 윤회를 거듭했던가
이 몸 지은 자를 찾지도 못하고
괴로움 속에서 생사를 거듭했네

/ 담마빠다

→ 인생을 살면서 히히호호 즐거운 시절은 아주 잠깐입
니다. 이제 좀 살 만하다 싶으면 어느새 늙음과 죽음이
찾아옵니다. 온갖 병치레로 벌어 놓은 돈 쓰지도 못하
고, 그 돈 버느라 몸과 마음이 이렇게 상했는데도 보상
받을 새도 없이 그렇게 죽음을 맞이합니다. 그 사이에
이별과 눈물은 얼마나 많았을까요? 남의 마음을 상하
게 한 일은 또 얼마나 많았을까요? 이런 것을 되풀이하
는 것이 윤회입니다. 이렇게 거듭하여 괴로움을 반복
하는 그 놈은 도대체 누구일까요? 불법 속에서 답을 찾
아보십시오.

81

누가 이 세상과 저 세상
그리고 천신들의 세계를 정복하리오
솜씨 좋은 이가 좋은 꽃만 가려 따듯
누가 진리의 말씀을 거둘 수 있으리오

/ 담마빠다

➜ 이 세상에 진리라고 떠드는 것은 많습니다. 그러나
참 진리는 찾기 어렵습니다. 진리는 불변성과 보편성
이 있어야 합니다. 옛날에는 맞는 말이었지만 지금은
맞지 않고, 그 민족에게는 맞았는데 여기 사람에게는
맞지 않는 그러한 것은 진리가 아닙니다. 세월이 지나
도 대상이 바뀌어도 항상 맞는 것은 오직 붓다의 말씀
뿐입니다.

82

붓다의 제자는 이 세상과 저 세상
그리고 천신들의 세계를 정복할 것이다
솜씨 좋은 이가 좋은 꽃만 가려 따듯
붓다의 제자만이 진리의 말씀을
잘 알아듣고 거둘 수 있으리라

/ 담마빠다

→ 경전 독송이라고 하면서 한문으로 된 경전을 백 번
천 번씩 읽으면서 공덕을 쌓기를 바라는 불자들이 많
습니다. 뜻도 모르면서 읽기만 한다면, 산란한 마음을
어느 정도 가라앉힐 수는 있겠지만 참된 공덕은 얻지
못합니다. 참된 붓다의 제자들은 경전의 의미를 새겨
듣고 실천에 힘씁니다.

83

깨친 것을 이르되 불佛이라 한다

/ 대비로자나성불신변가지경(대일경)

➜ 깨친 사람이 부처입니다. 깨쳤다는 것은 우리가 괴
로움에서 벗어날 수 있는 만고불변의 진리를 깨쳤다는
의미입니다. 그런 진리를 깨닫는 것은 사실 어려운 일
입니다. 그렇지만 그런 진리를 깨치신 부처님을 따라
배우면서 1%의 부처, 2%의 부처가 되는 것을 목표로
살아간다면 우리도 언젠가는 부처가 될 것입니다.

84

넘치는 물줄기를 말려버리듯
욕망을 남김없이 말려버린 수행자는
이 언덕도 저 언덕도 모두 버린다
뱀이 묵은 허물을 벗어버리듯

/ 숫따니빠다

➜ 욕망을 없애기는 정말 어렵습니다. 욕망을 생각할 때마다 육신을 지닌 이 인간이란 존재가 한없이 작게 느껴집니다. 배고프면 밥 먹고 목마르면 물 마시는 것은 욕망이 아닙니다. 복은 지어 놓지 않고 바라기만 크게 바라는 것이 욕망입니다. 우리는 오늘도 이렇게 욕망 덩어리로 살고 있습니다.

85

이 몸은 물거품과 같고
세상은 신기루와 같다
모든 것은 무상하고
헛것임을 아는 이는
마라의 꽃 화살을 꺾어버리고
죽음의 경계를 벗어나리라

/ 담마빠다

→ 젊을 때는 모르지만 나이가 들어보면 이런 말씀이
와 닿습니다. 보잘것없는 이 육신을 위하여 발버둥 치
고 있는 자신을 바라보면 참으로 불쌍하다는 생각이
듭니다. 마라의 온갖 유혹은 무상한 이 육신을 영원처
럼 착각하게 만들어 수많은 괴로움을 낳습니다. 참으
로 무상을 자각하게 되면 숱한 욕심과 어리석음에서
벗어날 수 있습니다.

86

나고 늙고 병들고 죽는 큰 바다에서는 지혜가 가벼
운 배가 되며
무명의 큰 어둠에는 지혜가 밝은 등불이 되며
모든 얽매임의 나쁜 병에는 지혜가 좋은 약이 되고
번뇌는 가시숲이라 지혜는 날카로운 도끼가 되며
어리석은 애욕의 강물에 지혜는 다리가 되는 것이니
이런 까닭에 마땅히 지혜를 부지런히 닦아야 한다.

/ 불본행경

→ 탐진치 삼독을 없애는 길은 오직 반야바라밀입니다.
불법의 지혜만이 이 어려운 사바세계를 건너게 할 수
있습니다. 지혜는 배가 되고 등불이 되며, 번뇌를 끊는
도끼가 되고 강을 건너는 다리가 됩니다.

87

꽃을 따는 데 마음이 팔리듯
애욕에 탐착하는 어리석은 자를
죽음은 순식간에 휩쓸어버린다
그 욕심이 채워지기도 전에

/ 담마빠다

➡ 삶은 길지 않습니다. 무상의 이치를 모르는 사람들
은 세속의 화려함에만 눈이 멀어 끝없이 가지려고 하
고, 못 가진 것에 대한 분노와 헛된 꿈을 좇는 어리석음
으로 스스로를 괴롭게 만들다가, 어느 날 문득 죽음이
발밑에 있음을 느낍니다. 그리고는 또 괴로움의 다음
생을 이어갑니다.

88

꽃을 따는 데 마음이 팔리듯
애욕에 탐착하는 어리석은 자를
죽음은 순식간에 휩쓸어버린다
잠자는 마을을 홍수가 휩쓸 듯이

/ 담마빠다

→ 애욕은 소금물과 같아 마실수록 목이 더 탑니다.
진리의 말씀은 거들떠 볼 겨를도 없이 오직 욕망의 덩
어리가 되어 남의 것을 탐내고 남의 것을 빼앗으며 거
짓과 위선으로 우쭐대다가 문득 나이 들어 버린, 한때
는 잘났던 사람들, 그들의 노년을 보며 어떤 생각이 드
나요?
진리를 맛보기도 전에 늙음은 이미 당신의 발밑에 와
있습니다.

89

거센 물결이 연약한 갈대 다리 무너뜨리듯
교만한 마음을 쓸어버린 수행자는
이 언덕도 저 언덕도 모두 버린다
뱀이 묵은 허물을 벗어버리듯

/ 숫따니빠다

→ 교만한 마음은 우쭐대는 마음입니다.

힘든 고비를 넘겨 성공의 길에 들어선 사람도 어느 순간 교만한 마음이 스며들어 자기도 모르게 초심을 잃어버리고 우쭐대면서 주위 사람들을 무시하다가 쌓아 놓은 복을 순식간에 까먹어버리고 나락으로 떨어진 사람들이 많습니다.

특히 연예인이나 정치인의 경우 대중들의 은혜로 그 자리에 오른 것을 잊어버리고 교만한 마음으로 우쭐대다가 대중들의 비난 속에 사라지는 경우가 많습니다.

수행자라면 더욱더 교만한 마음을 경계해야 할 것입니다.

90

악행의 결과는 바로 드러나지 않는다
우유가 곧바로 응고되지 않듯이
악행은 재로 덮인 불씨처럼
서서히 자라나 한꺼번에 태운다

/ 담마빠다

→ 주위를 살펴보면, 어떤 사람은 많은 악행을 저지르
며 주위 사람들을 힘들게 해도 자기는 아무 거리낌 없
이 떵떵거리며 사는 경우가 있습니다. 그러나 이 세상
의 인과의 이치는 조금치도 틀림이 없습니다. 그들의
악행이 아직 여물지 않아 그런 것이지 악의 열매가 익
으면 곧 파멸하고 맙니다.
그렇기 때문에 우리는 한결같이 선행에 힘써야 합
니다.

91

불교도로서 바른 견해를 가지기 위해서는 불교공부의 기본이 되는 사성제를 바르게 알고 궁극적 목적인 열반을 추구하며, 항상 자신의 언행과 생각을 살피고 치우침이 없는 바른 마음을 가지는 것이 중요합니다. 자기의 이익을 탐하고 명예에 집착하며 성내는 마음을 지니고서 바른 견해를 지니기를 기대하는 것은 실로 어리석은 일입니다. 이렇게 보면 정견正見을 지니기 위해서는 마음공부가 우선되어야 합니다. 마음자리가 바르지 못한 사람이 어떻게 정견을 가질 수 있겠습니까? 거꾸로 생각해 보면 정견을 가지지 못한 사람은 마음자리가 바르지 못하다고도 볼 수 있습니다. 그렇기 때문에 정견을 지닌다는 것은 도의 전부를 이룬 것과 같다고도 할 수 있습니다. 정견이 없이 수행을 한다면 그야말로 기왓장을 갈아 거울을 만드는 것과 같다고 할 수 있습니다. 팔정도의 첫머리에 정견을 놓는 이유도 여기에 있습니다. 불교공부를 하려면 먼저 바른 견해를 지니도록 해야 합니다.

92

과거 모든 여래의

금강과 같이 견고하여 무너지지 않는 몸도

역시 무상으로 변천했거늘

지금의 나만 홀로 다를까

/ 대반열반경

→ 무상하다는 것은 모든 것이 고정된 상태로 있지 않고 매 순간마다 변화해 가는 것을 말합니다. 이 세상에는 고정불변의 것은 아무것도 없습니다. 모든 것은 변해 가지만 우리는 그것을 영원한 것으로 착각하여 어리석음을 저지르며 괴로움에 빠집니다. 무상에 대한 바른 이해는 불교의 실천에 있어서 매우 중요합니다. 그러나 무상을 부정적으로 보지 말아야 합니다. 모든 것은 변천해 가기 때문에 불행이 행복으로 바뀔 수도 있고 어려움이 도리어 발전의 원동력이 되기도 합니다. 무상을 무상으로 받아들이고 세상사를 의연하게 마주 대할 때 우리의 괴로움도 사라집니다.

93

불도를 실천하는 것은

오계를 준수하는 것으로부터 시작됩니다.

아무리 불교적인 지식이 많아도

오계조차 지키지 못한다면

그는 진정한 불자라고 할 수 없습니다.

토굴에 들어앉아 아무리 오랫동안 수행을 했더라도

오계조차 지키지 못한다면

그는 헛된 수행을 한 것입니다.

육식을 즐기고 시줏돈을 함부로 쓰며 거짓말하고

사음을 저지르거나 술을 즐겨 마신다면

그는 어떤 이유를 갖다 붙여도

진정한 수행자가 아닙니다.

94

벌이 꽃에서 꿀을 모을 때
색과 향은 건드리지 않는 것처럼
성자는 마을에서 그렇게 머문다

/ 담마빠다

→ 마음을 비우고 인생을 관조하는 사람은 세속에 살되
거기에 얽매이지 않습니다. 세속의 아름다움을 사랑하
고 즐기되 거기에 물들지 않습니다. 그저 그렇게 머무
르다 사라질 뿐입니다.

95

남의 허물을 보려고 하지 말고
항상 자신을 살펴 보아서
바르고 그릇된 것 스스로 알라

/ 담마빠다

→ 부처님의 말씀은 너무나 당연해서 때로는 그냥 듣고
지나치기 쉽습니다.

그러나 세 살 어린애도 알지만 팔십 노인도 지키기는
어렵다는 말처럼, 이런 평범한 말씀도 그 깊이는 참으
로 엄숙하고 무겁습니다.

남의 허물을 보기보다 늘 스스로를 살피는 사람은 괴
로움에 빠지지 않습니다.

96

보기에는 아름다우나
향기가 없는 꽃처럼
아무리 좋고 훌륭한 말도
실천이 없으면 헛된 것이다

/ 담마빠다

➜ 지금과 같이 매체가 발달한 시대에는 무수한 말들이
떠돌아다닙니다. 이제는 어떤 말이 진실이고 어떤 말
이 거짓인지, 말의 홍수 속에서 분간조차 어렵습니다.
아무리 그럴싸한 말이라도 실천이 따르지 않으면 눈을
가리고 귀를 가리며 속이고 이용하려는 나쁜 말에 불
과합니다. 입만 벌리면 거짓으로 일관하는 사회 지도
층들의 위선에 그저 막막할 따름입니다.

97

안으로는 원한을 모두 버리고
내세를 바라지도 않는 수행자는
이 언덕도 저 언덕도 모두 버린다
뱀이 묵은 허물을 벗어버리듯

/ 숫따니빠다

➤ 사람들은 대개 남 탓을 많이 합니다. 누구 때문에 내가 이렇게 살며, 누구 때문에 내가 이렇게 괴로움을 겪고 있다고 항상 남의 탓을 합니다. 이렇게 괴로울 때는 남의 탓을 하지만, 잘되었을 때는 모두 자기가 잘나서 그렇다고 여깁니다.

미워하는 마음을 버리고 스스로를 돌아보는 사람에게는 집착 또한 없습니다. 뱀이 묵은 허물을 벗어버리듯 홀가분하게 걸어갈 수 있습니다.

98

빛깔도 곱고 향기로운 꽃처럼
실천이 따르는 훌륭한 말은
반드시 그 복을 얻게 되리라

/ 담마빠다

➜ 자기가 뱉은 말을 반드시 지키는 사람은 보기가 참
좋습니다. 하지만 남아일언중천금은 이제 옛말이 되었
습니다.

지금 시대에는 사람들의 말의 무게가 너무 가벼워졌습
니다. 훌륭한 말을 하고 그것을 훌륭하게 실천하는 그
런 사람을 이제 어디 가서 찾아볼 수 있을까요?

거창하게 진리를 논하기 전에 복을 받으려면 언행일치
부터 실천해 봅시다.

99

어리석은 사람이 얻은 지식은
복과 이익을 주기는커녕
스스로 화를 불러 해를 입힌다

/ 담마빠다

➔ 어리석은 사람은 지식을 얻고 기술을 습득해도 그것
으로 사람들을 이익되게 하기는커녕 오히려 사람들을
해치는 일에 씁니다.
지식이나 기술 자체는 나쁘고 좋은 것이 없습니다. 그
것을 활용하는 사람들이 마음이 바른지 그른지, 지혜
가 있는지 없는지에 따라 좋게도 쓰이고 나쁘게도 쓰
입니다.
어떤 사람들은 인공지능의 발전에 대해 기대도 하고
우려도 하지만, 그것은 인공지능을 활용하는 사람의
어리석음과 지혜의 차이에 의하여 엄청난 결과의 차이
를 가져올 것입니다.

100

업과業果의 좋고 나쁨은 짓는 바에 따라 결정된다
스스로 지어서 스스로 얽매이는 것이
누에와 다름이 없다
쓰고 떫고 단 모든 고통과 번뇌가 따르는 것이
마치 그림자가 항상 형체를 따르는 것과 같으며
선을 지어서 복 받는 것은
꽃향기가 멀거나 가까우나 늘 꽃을 따르는 것과 같다

/ 묘법성염처경

➜ 자기가 지어서 자기가 받는 원칙은 불교의 진리입니
다. 이것을 자작자수自作自受라고 합니다.
화와 복은 신이 주거나 우연히 오거나 태어날 때부터
정해진 것이 아닙니다.

101

무화과나무에서 꽃을 볼 수 없듯이
존재의 무상함을 통찰하는 수행자는
이 언덕도 저 언덕도 모두 버린다
뱀이 묵은 허물을 벗어버리듯

/ 숫따니빠다

→ 우리는 태어나는 순간부터 죽음을 향해 달려갑니다.
이 세상의 모든 존재는 생겨남이 있으면 소멸하는 때
가 있습니다. 조그만 미물에서부터 끝이 없는 우주 또
한 생주이멸의 과정을 밟습니다. 시시각각 변하며 태
어나고 소멸해 가는 과정이 바로 우리의 인생입니다.
태어났으니 그저 살아갈 따름입니다.
이러한 무상의 이치를 깨달은 사람은 모든 애착을 버
리고 괴로움에서 벗어날 수 있습니다. 그러한 사람에
게는 이 세상도 저 세상도 의미가 없습니다. 오직 이 순
간 깨어 있을 뿐입니다.

102

불교는 마음과학이다
그대 마음을 관찰하고
마음을 조종하고 제어하라
극락과 지옥이 그대 마음에 있건만
누구를 원망하고 누구를 탓하는가?

/ 환당대종사 어록

➔ 내가 기분 좋을 때는 세상이 다 좋아 보입니다. 내가
우울하면 세상이 다 원망스럽습니다.
고타마 싯다르타가 붓다가 되었어도 세상은 여전히 모
순투성이였습니다. 세상을 보는 붓다의 마음이 변하였
기에 이 세상은 구제의 대상이 되었고, 모든 중생들이
가엾게 보였던 것입니다.
세상은 지혜의 눈으로 어떻게 보는가에 따라 달라집니
다. 자기의 마음에 따라 이 세상은 달라집니다. 온 우주
의 모습은 내 마음 가운데에 들어 있습니다.

103

악의 열매가 익기 전에는
어리석은 자도 그것을 즐긴다
그러나 악의 열매가 익고 나면
마침내 괴로움에 빠지게 된다

/ 담마빠다

➜ 사람은 살아가면서 무수한 악업을 짓고 있습니다.
악업은 큰 것도 있고 작은 것도 있습니다. 큰 악업은 결
과가 금방 나타나서 곧 알게 되지만 작은 악업은 그 열
매가 무르익을 때까지 결과가 드러나지 않기 때문에
자기도 모르게 그런 악업은 무시하게 됩니다. 그러나
그러한 악업은 단지 터질 만큼 무르익지 않아서 그런
것입니다. 그러한 작은 악업이 모여 크게 터질 때는 엄
청난 불행으로 다가옵니다. 그럴 때 사람들은 자기가
지어 놓은 악업의 크기를 잊어버리고 재수가 없다거나
세상을 탓합니다.

104

물을 대는 자는 물을 잘 다스리고
화살을 만드는 자는 화살을 잘 다룬다
목수는 나무를 잘 다루고
지혜로운 이는 마음을 잘 다스린다

/ 담마빠다

➥ 일법통만리철一法通萬里徹이라는 말이 있습니다. 무엇이든지 한 가지 이치에 통달하면 모든 것을 꿰뚫어 알 수 있다는 말입니다. 자기가 하는 일이 어떤 것이든지 지심으로 성실하게 임하여 그 일에 통달하면 세상 이치도 꿰뚫어 알 수 있습니다. 그것이 지혜입니다. 지혜로운 이는 궁극적으로 자기의 마음을 다스릴 줄 압니다.

105

어리석은 자는 종신토록

지혜있는 사람을 섬기더라도

진실한 법을 알지 못하니

밥숟가락이 종일토록 음식을 뜨지만

신 것 짠 것을 모르는 것과 같다

/ 출요경

➜ 사람들은 유명한 수행자가 있다는 소문을 들으면 우
루루 몰려가 절하고 참배하면서 큰 복을 지은 것처럼
우쭐대기도 합니다. 누구를 친견했다느니, 누구에게 법
을 들었다느니 하면서 뽐냅니다.

그들이 하는 말씀은 경전에 다 나와 있습니다. 그 시간
에 그러한 말씀을 하나라도 실천하는 것이 불도를 이
루는 데 더 도움이 됩니다. 숟가락이 되지 말고 불도의
맛을 아는 혀가 되십시오.

106

소유도 하지 않고 음식을 절제하며
공과 연기의 도리를 알아
완전한 자유에 마음을 두는 이
그는 허공을 나는 새처럼
아무런 흔적도 남기지 않는다

/ 담마빠다

→ 공과 연기의 도리를 아는 것은 불교를 다 아는 것과
같습니다.

이 세상은 서로가 의지해 있으며, 서로의 관계에 의하
여 존재한다는 것이 연기입니다. 그러한 연기의 세계
에는 고정불변의 것이 없습니다. 그것이 곧 무아이고
공입니다. 공과 연기의 도리를 참으로 알고 실천한다
면 그는 아무 것에도 걸리지 않는 허공을 나는 새와 같
습니다.

107

서두르거나 게으르지도 않으면서
미망의 세계 벗어난 수행자는
이 언덕도 저 언덕도 모두 버린다
뱀이 묵은 허물을 벗어버리듯

/ 숫따니빠다

→ 『상윳따니까야』의 첫 머리에 보면, 천신이 붓다에게
어떻게 해서 저 언덕에 이르셨냐고 질문합니다. 붓다
께서는 서두르지도 않고 멈추지도 않으며 유유히 헤엄
쳐서 건넜다고 하십니다.
서두르면 물결에 휩쓸리고 멈추면 가라앉기 때문에 서
두르지도 않고 게으르지도 않게 유유히 건넜다고 하신
겁니다. 조급하지도 말고 게으르지도 않게 그렇게 수
행하십시오.

108

도리에 맞게 살며
그릇된 것은 멀리하라
이 길을 따르는 자는
이생에서나 내생에서
모두 행복하리라

/ 담마빠다

➜ 불자로서 도리에 맞게 산다는 것은 부처님의 말씀을
믿고 따르는 것입니다. 그릇된 것을 멀리하라는 말씀
은 우리에게 괴로움을 가져 오는 것을 멀리하라는 말
씀입니다

불교는 믿기지도 않는 것을 억지로 믿는 종교가 아닙
니다. 바로 눈앞의 현실이 곧 진리입니다. 이것을 당상
즉도當相卽道라고 합니다. 나쁜 짓을 하면 괴로움을 당
할 것이고 좋은 일을 하면 좋은 과보가 있다는 것이 바
로 진리이고 당상즉도이며, 이것을 제대로 아는 것이
행복에 이르는 길입니다.

109

욕망을 벗어나 지혜로우며
선정에 들어 평화로운 그를
천신들조차도 부러워한다

/ 담마빠다

➜ 아무리 각박한 물질 위주의 세상에서도 잠깐의 좌선
은 평화를 가져옵니다. 바쁜 일상을 잠깐 멈추고 자신
을 돌아보면 새로운 힘이 생기고 바른 길이 보입니다.
부처님의 가르침은 일상생활에서 늘 실천되어야 합니
다. 반드시 머리를 깎고 출가해야만 불도를 이루는 것
이 아닙니다. 순간순간의 말과 행동, 생각이 깨달음을
향해 가는 발걸음이 됩니다.

110

불교에서는 인연과보를 말합니다.

직접 원인인 인因과 간접 원인인 연緣이 어울려 결과를 만듭니다.

우리가 복이나 화를 받을 인을 지어 놓고는 거기에 연이 어울려 결과를 만들어 내기 때문에 인과관계를 잘 파악하지 못합니다.

그래서 모든 일이 우연히 벌어진 것 같기도 하고, 숙명처럼 느껴지기도 하고, 재수가 없어 그렇게 된 것처럼 보입니다. 마치 같은 호박씨라는 인이 심어져도 간접 원인인 거름이나 수분, 햇빛이라는 연에 따라 크기가 달라지는 것과 같습니다.

직접 원인인 인을 어떻게 심느냐도 중요하지만 연을 어떻게 맺느냐에 따라서 결과가 달라집니다. 그래서 불교에는 만사수연萬事隨緣이라는 말도 있습니다.

111

좋은 꽃을 많이 모아 꽃다발 만들 듯
사람으로 태어나면 선업을 쌓아야
후세에 뛰어난 복 얻을 수 있으리

/ 담마빠다

➜ 복을 누린다는 것은 괴로움 없이 사는 것입니다. 우리가 지금 받는 괴로움은 모두 나의 업에서 비롯된 것입니다. 신이나 다른 어떤 힘이 우리의 괴로움을 만드는 것이 아닙니다. 스스로 짓고 스스로 받는다는 업의 진리는 그 누구도 거스를 수 없는 우주의 진리입니다. 괴로움 없이 살려면 복이 있어야 하고, 복을 누리려면 복업을 지어야 합니다.

112

화려한 수레도 낡아 부서지고
우리의 몸도 그렇게 허물어져 간다
그러나 진리와 덕행은 무너지지 않고
선한 이들끼리 서로 전한다

/ 담마빠다

→ 나이 들어서도 내면은 가꾸지 않고 외모로만 승부하려는 것은 너무 어리석은 생각입니다. 나이 들어서 빛나는 것은 넉넉하고 여유로운 훌륭한 인품과 젊은이들이 넘어서기 어려운 풍부한 경험, 그리고 후학들을 이끌어 줄 빛나는 지혜입니다. 이러한 것이 갖추어져야 어디 가서든 노인 대접을 받을 수 있습니다. 아무리 분칠을 하고 겉모습을 꾸민들 젊음의 그 싱싱함에 어찌 당할 수 있겠습니까?
나이 들었다고 포기하지 마시고 불법의 그늘 아래에서 끊임없이 자신을 성찰하고 지혜를 기르십시오. 그것만이 존경받는 노인이 되는 길입니다.

113

차라리 진실한 말을 하여 원망과 미움을 받을지언정
아첨하는 말을 하여 사람과 친하려 하지 말고
차라리 정법을 설하고 지옥에 떨어질지언정
삿되고 아첨함을 설하여서 천상에 나려고 하지 말라

/ 보살본연경

➜ 온갖 말이 난무하고 있지만, 지금 시대에는 말의 무
게가 너무 가벼워졌습니다. 나라의 지도자란 사람도
거짓말을 밥 먹듯 하고, 자기가 한 말과는 반대로 행동
합니다. 학자라는 사람들도 양심을 버리고 궤변으로
이익을 탐하고 있습니다.

진실한 말이 어느 때보다도 간절합니다. 거짓말을 하
고 아첨을 하느니 그 입으로 진언을 외우십시오.

"수리수리 마하수리 수수리 사바하"

114

전단이나 따가라, 수련과 재스민이
향기롭기 그지없다 자랑하지만
계행의 향기에는 미치지 못한다

/ 담마빠다

→ 계라는 것은 스스로에게 부과한 의무입니다. 누가
시켜서 하는 것이 아닙니다. 스스로 결정하여 자신을
절제하고 이웃에게 피해를 주지 않는 삶이 계행을 지
키는 삶입니다. 그러한 삶을 사는 사람은 참으로 존귀
하고 무한한 복을 받을 것입니다.

115

선지식과 함께 하는 즐거움,

그보다 더 큰 즐거움이 어디 있으랴

/ 환당대종사 어록

→ 선지식은 덕이 있고 정직한 벗을 말합니다.

선지식은 남녀노소, 귀천을 가리지 않고 불법과 인연을 맺게 하여 고통의 세계에서 벗어나 열반의 세계로 이끌어 주는 그런 사람입니다. 이러한 선지식은 도대체 어디에 있나요?

중생을 미혹하게 하고, 불도 수행을 방해하며, 불행에 빠지게 하는 악지식만이 널려 있는 세상에서 선지식과 함께할 수 있다면 그보다 더 큰 행복이 어디에 있을까요?

116

망념을 남김없이 녹여버리고
마음이 가지런히 정돈된 수행자는
이 언덕도 저 언덕도 모두 버린다
뱀이 묵은 허물을 벗어버리듯

/ 숫따니빠다

➔ 일체법一切法의 진실을 알지 못하는 범부의 미혹한
마음을 망념이라고 합니다. 망령된 생각을 움직인다는
뜻으로 동념動念이라고도 말하며, 이를 여읜 경지가 곧
깨달음입니다.

우리가 깨닫기 전에는 나라고 생각하는 이 몸은 망념
의 덩어리라 할 수 있습니다. 망념은 우리를 이리저리
잠시도 쉬지 않고 끊임없이 괴로움 속으로 끌고 다닙
니다. 연기를 바로 알고 공을 깨닫게 될 때에 망념은 비
로소 우리를 놓아 줄 것입니다.

117

우리의 마음은 까부는 원숭이처럼 평정심을 유지하지 못하기 때문에 마음이 들뜨기도 하고 금방 침울해지기도 합니다. 욕심으로 마음이 조급해지기도 하고 화가 나서 마음이 부글부글 끓어오르기도 합니다. 그래서 바른 판단을 하지 못하고 잘못을 저지르게 됩니다.

마음이 흔들림에 따라 지혜 구멍이 꽉 막혀 버립니다. 일상생활에서 여러 가지 수행법을 권장하는 것도 우리의 요동치는 마음을 잔잔히 가라앉히기 위해서 그렇습니다. 우리의 마음은 늘 탐진치로 부글부글 끓고 있는데, 그것을 식히는 것이 수행입니다.

118

이제 집 지은 자를 알았으니
다시는 집 짓지 않을 것이다
죄업의 서까래는 내려앉고
무지의 대들보는 부서졌다.
갈애는 사라지고
인과의 굴레를 벗어났도다

/ 담마빠다

➔이 말씀은 깨달음을 얻은 붓다의 말씀입니다. 윤회
의 사슬을 끊고 괴로움의 씨앗을 없애버린 붓다의 말
씀입니다.

뭍에 올려진 물고기처럼, 목이 말라 헐떡이며 물을 찾
는 것처럼, 우리의 걷잡을 수 없는 탐욕이 갈애입니다.
붓다께서는 그 갈애를 없애버리고 인과의 굴레를 벗어
나서 열반의 평안한 경지에 드신 것입니다. 그리고 우
리에게 그 평안의 경지를 온갖 방편으로 알려주고 계
십니다.

119

진흙을 바르고 나체로 앉아
머리는 산발한 채 단식을 하더라도
의심을 버리지 못하는 자는
끝끝내 자신을 정화하지 못한다

/ 담마빠다

➔ 인도에 가면 이상한 모습의 수행자를 많이 볼 수 있
습니다. 평생을 서서 지낸다거나 목욕을 한 번도 하지
않는다거나 머리카락이나 손톱을 한 번도 깎지 않았다
고 하는 사람들입니다. 이런 이상한 사람들에게 인도
인들은 돈을 바치며 경배하기도 합니다. 옛날에도 그
런 사람들이 있었나 봅니다. 나체로 진흙을 바르고 단
식을 하거나 머리를 기르고 앉아 있으면 대단한 수행
자처럼 여겨서 존경합니다. 그렇지만 불교의 눈으로
보면, 그러한 행위들은 진리의 추구와는 아무런 상관
이 없습니다. 불교의 수행자 중에도 가끔 이상한 행동
으로 주의를 끌려는 무리들이 있습니다.

120

서두르거나 게으르지도 않으면서
세간의 무상함 알고 있는 수행자는
이 언덕도 저 언덕도 모두 버린다.
뱀이 묵은 허물을 벗어버리듯

/ 숫따니빠다

➡ 수행을 할 때 너무 조급하면 곧 포기하게 됩니다. 엄
동설한에 불도 안 땐 방에 앉아 엉덩이가 짓무르도록
앉아 있어도 깨달음은 쉽게 오질 않습니다. 자신을 학
대하며 고행을 한답시고 무모한 도전을 하다가 몸만
상한 사람들이 많습니다.

수행은 몸과 마음이 안온한 상태에서 꾸준히 하는 것
이 제일입니다. 일상이 곧 수행이고 앉은 자리가 곧 도
량이 되어야 합니다. 만나는 사람들이 다 나를 깨우치
는 보살이고, 나에게 닥쳐오는 일상사 모두가 법문이
되어야 합니다.

121

보살은 큰 시주가 되어서 가지고 있는 물건을 다 베
풀더라도 그 마음이 평등하여 아까워하거나 후회함
이 없으며, 과보를 바라지 않고 명예를 구하지 않으
며, 재물과 안락함을 탐하지 않고 다만 일체중생을
구호하며 일체중생을 이익되게 해야 한다.

/ 화엄경

➜ 보시를 통하여 인색하고 욕심내는 마음을 버릴 때에
집착에서 벗어나고 마음이 편안해질 수 있습니다. 그
리고 남들도 기쁘게 해 줄 수 있습니다. 이처럼 보시는
남을 위하는 길이면서 동시에 자신을 위하는 길이기도
합니다.

122

따가라와 전단향이 좋다고 한들
계를 지키는 사람의 향기는
더욱더 뛰어나 하늘까지 이른다

/ 담마빠다

→ 계는 스스로 지켜야 하는 원칙이며, 율은 승가를 이루어 단체 생활을 할 때 필요한 공동체의 규약입니다. 계는 살생하지 않고, 훔치지 않으며, 사음하지 않고, 거짓말하지 않으며, 정신을 흐리게 하는 술이나 마약 같은 것을 가까이 하지 않는 오계가 기본입니다.
오계만 잘 지켜도 스스로를 지킬 수 있으며 아름다운 사회를 만들 수 있습니다.

123

많이 들으면 능히 법을 알고
많이 들으면 착하지 못한 것을 버리고
많이 들으면 옳지 못한 것을 버리고
많이 들으면 열반을 얻는다

/ 대비바사론

➜ 많이 듣는다는 것은 많이 보고 배운다는 뜻입니다. 어떤 종교의 사람들은 자기들 교전 하나만 읽고 그것이 세상의 전부인 양 여기게 되어 세상과 소통이 되지 않습니다. 자기들만의 세계에서 자기들만의 교리를 고집하며 자기들과 다른 주장을 하는 쪽을 사탄이니 마귀니 하면서 증오합니다. 가끔은 총칼로 서로 죽이기도 합니다.

그것이 어리석은 인간의 역사였습니다. 지금도 그러한 비극은 계속되고 있습니다. 그러나 대승보살은 어리석은 이들을 깨우치기 위해서도 많이 읽고 많이 배우고 열심히 공부해야 합니다.

124

자기의 어리석음을 아는 어리석은 사람은

마땅히 훌륭한 지혜를 얻고

지혜 있다고 지칭하는 어리석은 사람은

어리석은 사람 중에도 참으로 어리석다

/ 출요경

➜ 우리 인간은 성불하지 못하는 한 항상 어리석음을
되풀이합니다. 따라서 항상 겸손한 마음으로 스스로의
어리석음을 살펴보고, 항상 지혜를 얻기 위해 정진해
야 합니다. '너 자신을 알라'라는 말은 불도에도 통하는
말입니다

125

계를 갖추어 방일하지 않고
지혜로써 번뇌를 벗어난 이는
마라도 결코 건드리지 못한다

/ 담마빠다

➔ 거창한 깨달음이나 수행을 논하기 전에 오계만 잘
지켜도 훌륭한 사람입니다. 오계는 스스로를 보호할
뿐만 아니라 이웃과 사회를 잘 가꾸기 위한 초석입니
다. 개인이 파멸하고 사회가 혼탁한 것은 오계를 지키
지 않아서입니다. 불자라면 무엇보다도 오계의 준수가
가장 으뜸입니다

126

서두르거나 게으르지도 않으면서
세간의 무상함 꿰뚫어 보고
탐욕을 벗어버린 수행자는
이 언덕도 저 언덕도 모두 버린다
뱀이 묵은 허물을 벗어버리듯

/ 숫따니빠다

➔ 자기가 지어 놓은 인연은 생각도 하지 않고 단박에
깨치려고 무모하게 도전하는 사람들을 위하여 경전에
서 이렇게 말씀해 놓았나 봅니다.
수억 겁을 지어 놓은 인과가 있는데 이 짧은 생에서 어
찌 단박에 깨친단 말입니까? 붓다께서도 수백 생의 선
업을 통하여 깨달음의 인연을 축적해 놓으셨기에 이
생에서 붓다가 되신 겁니다.
서두르지도 말고 게으르지도 않고 꾸준히 가다보면 어
느 날 문득 깨달음의 빛이 보일 것입니다.

127

길가에 버려진
쓰레기더미에서
연꽃 한 송이 피어올라
그윽한 향기 뿜어 올리네

더럽고 눈먼 중생 속에서
완전하게 깨달으신 붓다의 제자들은
이처럼 지혜로써 밝게 빛난다

/ 담마빠다

➜ 진정한 불자는 아름다운 향기를 뿜어내어 주위를 맑
고 향기롭게 만듭니다. 사바세계의 혼탁함 속에서도
불자들은 오계를 지키며 한 송이 연꽃처럼 때묻지 않
고 꿋꿋이 고해의 바다를 헤쳐 나아갑니다.

128

반야바라밀다를 배우고 닦는 보살은
번잡하고 탐욕에 물든 마음을 내지 말며
의심하고 미혹된 마음을 내지 말라

/ 불모출생경

➜ 육바라밀을 닦는 보살은 쓸데없는 욕심을 내지 말아
야 합니다. 그리고 부처님의 말씀을 의심하거나 외도
들의 사견에 솔깃하지 말아야 합니다.
내가 지은 것보다 더 많이 얻으려는 것이 욕심입니다.
복될 일은 하지 않고 바라기만 하는 것이 욕심입니다.
신을 빙자하여 믿기만 하면 복을 준다는 외도들의 꾀
임에 귀 기울이지 말고 오직 부처님의 말씀에 의지하
여 바르게 살아가야 합니다.

129

채찍만 휘둘러도 내달리는 말처럼
신심과 덕행, 정진과 삼매로
지혜롭게 통찰하고 진리를 살펴야
극심한 이 괴로움 벗어나게 되리라

/ 담마빠다

➔ 삼매三昧는 '사맛디(samādhi)'라는 말을 소리 나는 대로 적은 것으로서, 정신을 통일하여 한 곳에 집중하는 것을 말합니다. 이러한 집중력으로 사물을 통찰하는 것을 위빠싸나(vipassanā)라고 합니다.

사맛디를 지止라 하고 위빠싸나를 관觀이라고 하는데, 불교에서는 이 두 가지를 균형 있게 닦아야 깨달음에 이를 수 있다고 하여 흔히 지관쌍수止觀雙修라고 합니다. 사맛디가 우선이라느니 위빠싸나가 우선이라느니 논쟁을 하는 경우가 있는데, 그것은 개인의 수행적 성향에 따라 다른 것이지 어느 것이 우선되어야 하는 것은 아닙니다.

130

거짓말은 먼저 자신을 속인 뒤에
남을 속이는 것이니
만약 거짓말을 버리지 못하면
자기와 남이 함께 파괴된다

/ 정법염처경

➜ 단수가 높은 사기꾼은 자신에게 먼저 최면을 걸어 스스로가 진실처럼 믿게 하고 사기를 친다고 합니다. 거짓말은 다른 삶을 해치기도 하지만 결국은 스스로를 해치는 도끼가 되고 칼이 되어 스스로를 갈기갈기 찢어 놓고 사회에서 매장되는 벌을 받습니다. 거짓말쟁이의 가장 큰 벌은 누구도 그의 말을 들어주지 않는 것입니다

131

서두르거나 게으르지도 않으면서
세간의 무상함 꿰뚫어보고
미혹을 벗어버린 수행자는
이 언덕도 저 언덕도 모두 버린다.
뱀이 묵은 허물을 벗어버리듯.

/ 숫따니빠다

→ 우리는 늘 미혹 속에 삽니다. 정견이 갖추어지지 않았기 때문입니다. 팔정도의 정견은 수행의 방향을 정해줍니다.

정견이 바로 서지 않으면 모든 것이 어긋납니다. 마치 기준이 되는 줄자가 잘못되면 재는 것마다 모두 틀리듯이, 정견이 바로 서지 않으면 무엇을 하든지 삿되게 흘러버립니다. 정견이 바로 서지 않으면 말하고 행동하고 생각하는 모든 것이 틀리게 됩니다.

132

잠깐 동안 현자와 사귀더라도
지혜로운 사람은 진리를 배운다
마치 혀가 국 맛을 아는 것처럼

/ 담마빠다

➜ 어리석은 사람과 가까이 하면 자기도 어리석게 됩니다. 그러나 지혜로운 사람과 있으면 하나라도 배울 것이 있습니다. 그래서 진리를 추구하는 도반과 함께 하는 것은 무엇보다도 유익하고 행복한 일입니다.

혀가 국맛을 아는 것처럼 지혜로운 사람은 항상 선지식으로부터 무엇인가를 배우고 실천하려고 합니다. 그러한 선지식이 없으면 부처님의 말씀을 전하는 경전이 곧 선지식입니다.

133

지식과 지혜를 혼동하지 마라
지식이 옅어도 지혜는 깊을 수 있다
그러나 지식이 깊으면
지혜를 얻기가 훨씬 수월해진다

/ 환당대종사 어록

➜ 지식은 어떤 사실에 대해 아는 것입니다. 그러나 지혜는 그러한 앎을 잘 활용하여 모두에게 이익이 되게 하는 것입니다.

지식이 많다고 반드시 그것을 잘 활용하는 것은 아닙니다. 우리나라의 법조인들이 법률에 대한 지식은 많지만 그것을 적용함에는 터무니없는 경우가 있습니다. 그러한 것이 지식은 있어도 지혜가 없는 경우입니다.

그러나 지혜를 얻으려면 많은 지식을 쌓는 것이 훨씬 유리합니다. 지식이 없이 혼자서만 궁리하면 독단적이고 어리석어지는 경향이 있습니다.

134

나쁜 업을 지은 뒤에
울면서 후회한들
이제 와서 그 과보를
어찌할 것인가

/ 담마빠다

➥ 사람들은 불행한 일이 닥치면 누구를 원망하든가 세
상을 탓합니다. 자기가 잘못해서 그렇게 되었다는 생
각은 잘 하지 않게 됩니다. 그러나 지은 대로 받는 것은
변함없는 우주의 철칙입니다. 자기가 불행의 씨앗을
심어 놓았던 것이 수많은 나쁜 연과 어울려 어느 날 커
다란 과보로 자기 앞에 닥친 것입니다. 그동안은 단지
불행의 열매가 커지고 있었던 것입니다. 그때서야 울
며불며 후회하지만 늦은 것이지요. 그래서 항상 어리
석음을 참회하고 지난날의 악행을 참회하며 선업 짓기
에 힘써야 합니다.

135

사바세계 환생할 인연이 되는
허물도 바람도 없는 수행자는
이 언덕도 저 언덕도 모두 버린다
뱀이 묵은 허물을 벗어버리듯

/ 숫따니빠다

➔ 불도에 매진하는 사람은 이 세상도 저 세상도 미련
이 없습니다. 오직 지금 이 순간 깨어 있기만 할 뿐입니
다. 죽어서의 천국도 생각하지 않고 살아서의 영광도
바라지 않습니다. 오직 이 순간을 청정하고 안락하게
보살도를 실천하며 살아갈 뿐입니다.

136

나이 든 사람을 공경하는 이는
장수와 아름다움, 행복과 힘의
네 가지 복락을 언제나 누리리라

/ 담마빠다

➔ 젊을 때는 나이가 든다는 게 어떤 건지 모릅니다. 항
상 그 젊음이 유지될 거라고 막연히 생각합니다. 그래
서 나이 든 사람을 보면 경멸하고 거추장스러워합니
다. 그러다 보면 어느새 자기도 나이가 들어있습니다.
겸손한 마음으로 젊음을 소중하게 여기고 보람있게 보
내는 사람은 나이 들어서도 그 복덕을 누릴 수 있습니
다. 특히 나이 든 사람을 보면서 자기의 미래의 모습
을 보는 사람은 그들을 공경하고 존중합니다. 그런 사
람은 그 공덕으로 건강과 아름다움, 행복을 누리게 됩
니다.

137

착한 업을 지은 뒤에는

스스로 기뻐하며

복을 누린다

/ 담마빠다

➜ 지어놓은 업은 어디에 가지 않습니다. 모두 자기가 지어서 자기가 받게 됩니다.

힘든 세파를 겪으면서도 악에 휩쓸리지 않으면서 오직 선업 쌓기를 힘쓰며 평생을 살아온 성실한 불자의 모습은 얼마나 아름답습니까.

이번 생은 실패했다고 느끼더라도 더 나은 다음 생을 위해 죽음의 그 순간까지 항상 지혜를 밝히며 선업 쌓기에 힘쓰십시오. 백미터 달리기 결승선에서도 끝까지 최선을 다해야 좋은 기록이 나듯, 늙음을 탓하지 말고 마지막 순간까지 부처님의 가르침을 잊지 마십시오.

138

사람이 세간에서 화를 일으킴은

모두 입에서 나오는 것이니

항상 입을 불보다 더 조심해야 한다

거센 불은 세간의 재물만 태울 뿐이지만

악한 말은 일곱 성인의 재물을 모두 태운다

그러므로 일체 중생의 화는

입에서 나오는 까닭에

입은 몸을 부수는 도끼요

몸을 멸하는 칼날이로다

/ 보은경

➜ 말이라는 것이 있어 우리의 생활을 편리하게 하지만
말 때문에 온갖 분쟁이 일어나기도 합니다. 거짓말과
비방하는 말, 욕설은 남에게 큰 피해를 주기도 하지만
결국은 자신을 더 망친다는 것을 알아야 합니다.

139

인간이 짐승보다 월등히 뛰어날 수 있었던 것은 말이
있어서입니다. 그러나 이 말은 인간을 불행에 빠뜨리
고 싸움의 원인을 제공했습니다.

말 한마디에 모든 비극이 시작되고 말 한마디에 수많
은 목숨이 죽었습니다. 그래서 인도 사람들은 말이나
문자의 중요성을 극대화하여 수행의 도구로 활용하기
도 했습니다.

남을 기쁘게 하고 이익되게 하는 말을 하지 못할 바에
는 침묵하는 것이 더 좋습니다. 아니면 진언을 외우는
것이 훨씬 좋습니다.

"옴마니반메훔 옴마니반메훔 옴마니반메훔"

140

삶을 붙들어 매는 애착 버리고
윤회의 인연도 끊어버린 수행자는
이 언덕도 저 언덕도 모두 버린다
뱀이 묵은 허물을 벗어버리듯

/ 숫따니빠다

➜ 애착 때문에 우리는 괴로워합니다. 애착 때문에 중
생의 삶을 되풀이합니다. 그러나 불법을 듣고 진리를
깨친 이는 부질없는 애착을 싹뚝 끊어버립니다. 뱀이
묵은 허물을 조금도 아까워하지 않고 버려버리듯 참다
운 수행자는 미련 없이 애착을 버려버리고 홀가분한
마음으로 사바의 고해를 유유히 건넙니다.

141

진리를 모르고 백 년을 살기보다
최상의 진리를 알고 사는 하루가 낫다

/ 담마빠다

→ 세속의 모든 철학과 사상을 공부해도 불교의 진리에
는 한참 못 미칩니다. 불교에는 뚜렷한 목표가 있습니
다. 바로 괴로움에서 탈출하는 것입니다.

인간과 우주에 대한 통찰에 있어서는 불교만한 것이
없습니다. 논리적으로 분석하고 사유하는 이름난 서양
철학자나 사상가들이 부처님의 연기법에 대한 설명을
들었더라면 인류를 위하여 훨씬 큰 업적을 남겼을 텐
데 하는 아쉬움이 남습니다. 코끼리의 발자국이 다른
모든 짐승의 발자국을 덮고도 남는 것처럼 불교의 진
리는 세속의 모든 사유체계를 뛰어넘습니다.

142

진실한 말을 하는 사람은
보시와 지계와 학문과 다문을 빌리지 않고서도
오직 진실한 말만 닦아도
한량없는 복을 얻는다

/ 대지도론

➔ 거짓되지 않고 진실한 말한 하는 사람은 그것 하나
만으로도 존경받아야 합니다. 많은 지식인들이 권력
앞에서는 오히려 못 배운 사람들보다 더 거짓에 무릎
을 꿇은 것을 우리는 역사를 통하여 많이 보아왔습니
다. 그렇기 때문에 오직 진실한 말만 하는 것만으로도
한량없는 복을 받는다고 했는지도 모릅니다.

143

진실한 말은 밝음 중에 제일 밝으며
정법의 계단이라 해탈이 있네
무량한 재물이요 제일 보배라
이것은 왕후라도 빼앗지 못한다

/ 정법염처경

→ 국민의 모범이 되어야 할 정치인들이 거짓말을 태연하게 하는 것을 보면 어떤 생각이 듭니까? 배울 만큼 배운 사람들이 권력과 부를 위하여 거짓말로 진실을 가리는 것을 보면 어떤 생각이 듭니까?
진실을 알면서도 거짓으로 가리는 사람만큼 사악한 사람은 없습니다. 적어도 우리 불자들은 진실 앞에서 거짓을 말하지는 말아야 합니다. 진실한 말은 해탈에 이르는 계단입니다.

144

달이면 달마다 재齋를 지내도
진리를 모르는 어리석은 사람은
참된 법을 아는 아라한의
16분의 1의 공덕도 없다

/ 담마빠다

➔ 어리석은 사람은 아무리 고행을 하고 재를 지내더라
도 진리에 이를 수가 없습니다. 촛불을 켜고 향을 사르
며 쌀 포대를 올려놓는 것이 불교의 전부가 아닙니다.
그러한 과정을 통하여 마음을 경건히 하고 부처님의
가르침에 감사하고 중생의 은혜를 잊지 않도록 노력해
야 합니다. 그리고 지혜의 계발에 항상 마음을 기울여
야 합니다.

145

진리를 모르는 어리석은 중생을
어찌 나무랄 수 있으랴
그저 자비로써 감싸 안을 수밖에

/ 환당대종사 어록

➔ 요즘 우리 사회는 극단적으로 분열되어 있습니다.
나와 다른 의견을 가진 사람도 배척만 하지 말고 자비
로써 감싸 안아야 합니다.
어리석음 때문에 어리석은 길을 택한 사람들을 나무라
기만 해서야 어찌 불자라고 하겠습니까? 무량한 자비
와 방편으로 그들을 감싸고 이끄는 것이 보살의 길입
니다.

146

인간으로 태어나기도 어렵고
인간으로 살아가기도 어렵다
불법을 듣기는 더욱 어려우며
부처님을 뵙기는 더더욱 어렵다

/ 담마빠다

➔ 인간으로 태어나 불법을 만나는 것은 망망대해에 눈
먼 거북이가 백 년마다 한 번씩 머리를 내밀 때에 흘러
다니는 구멍 난 판자에 머리를 끼우는 것만큼 어렵다
고 했습니다. 이렇게 만난 불법인연을 소중히 여기고
하루하루 순간순간을 알차게 삽시다.

147

어리석은 자는 명예를 바라면서
수행자들 사이에서 잘난 척하고
승단에서는 권력을 탐하며
바깥에서는 존경을 바란다

/ 담마빠다

➔ 중벼슬은 닭벼슬보다도 못하다는 말이 있습니다.
진리를 추구하는 사람이 출가해서 벼슬을 탐한다면 그
것보다 더 어리석은 일이 어디 있겠습니까. 승단에서
높은 자리는 더 많은 대중들에게 더 많이 봉사하기 위
해서 주어지는 것입니다. 그런 정신을 잃고 자리에 욕
심내고 교만한 자는 나락에 떨어집니다.

148

우리가 사는 이 세상 안에
지옥도 있고 극락도 있습니다.
우리가 마음먹기에 따라서
이 세상이 극락도 되고 지옥도 되는 것이지
반드시 죽어야만
지옥이나 극락이 있는 것이 아닙니다.
나의 마음이 분노로 가득 차 있으면
그것이 아수라의 세계이며
어리석음으로 가득 차 있으면
그것이 축생의 세계이고
탐욕으로 가득 차면
아귀의 세계가 되는 것입니다.
모든 것을 내려놓고 편안한 마음으로 세상을 보면
주위가 다 아름답게 보이는
극락이 됩니다.

149

다섯 가지 장애를 벗어 던지고
고뇌와 의혹을 초월한 수행자는
이 언덕도 저 언덕도 모두 버린다
뱀이 묵은 허물을 벗어버리듯

/ 숫따니빠다

→ 다섯 가지 장애는 탐욕·분노·어리석음·자만·의심의 다섯 가지 마음 작용을 말합니다. 우리 인간은 항상 이 5가지 장애에 휘둘리며 괴로움을 자초합니다.

분수에 넘치는 욕심이 탐욕입니다. 복은 지어 놓지 않고 태산같이 바라는 것이 탐욕입니다. 그 탐욕을 채우지 못하면 화를 냅니다. 그리고는 터무니없는 짓을 저지르는 어리석음에 빠집니다. 잠깐 운 좋게 원한 것이 좀 이루어지면 자만에 빠지면서 행여 누가 뺏어갈까봐 끝없이 의심하고 불안해합니다. 진리의 말씀을 귓등으로 흘리고 인과를 무시하며 온갖 악행을 저지릅니다. 이 모든 것들은 진리에 대한 의심 때문에 그렇습니다.

150

세간의 이익으로 이끄는 길과
열반으로 이끄는 길이 다르니
깨친 이의 제자는 이것을 알아
세간의 이익을 탐하지 않으며
고요히 머물러 마음을 다스린다

/ 담마빠다

→ 세간의 이익은 일시적입니다.

사랑하는 사람이 생겨도 그 사람 때문에 애착이 생겨
즐거움은 잠깐이고 괴로움이 더 큽니다. 나를 사랑하
지 않아도 속상하고 나를 너무 사랑해도 부담됩니다.
재산도 마찬가지입니다. 없으면 없어서 괴롭고 있으면
있는 대로 그것을 지키기 위하여 밤낮으로 노심초사합
니다.

그래서 붓다의 제자는 세속의 욕심을 버리고 열반에
이르는 길을 찾습니다.

151

온갖 공물 쌓아 놓고 재를 지내며
일년 내내 공양을 올리더라도
바른 사람을 공경하는 것에 비하면
그 공덕이 반에 반도 미치지 못한다

/ 담마빠다

➜ 미신에 의지하여 아무리 공을 들여도 결국은 미신이
기 때문에 남는 것은 아무것도 없습니다. 산속에 들어
가 혼자서 도를 닦는답시고 한평생을 허비하는 사람들
을 가끔 봅니다. 이들이 바른 스승을 만나 바른 수행을
했다면 그 공덕이 참으로 컸을 텐데 하는 아쉬움이 남
습니다. 바른 스승을 만나 그를 따르고 배우는 것은 전
생부터 큰 공덕을 지어야 하나 봅니다. 학식과 인격을
갖춘 바른 스승은 만나기가 어렵습니다.

152

재가자와 출가자 모두 내게 달렸고
해야 할 일 말아야 할 일 모두 내 맘대로야
이렇게 생각하는 어리석은 자에게
욕심과 교만은 커져만 간다

/ 담마빠다

➜ 사람이 높은 자리에 올라갈수록 더욱더 자신을 살피고 모든 것을 경계해야 합니다. 이런 것은 불교가 아니더라도 모든 성인들의 가르침이 일치합니다.

나의 부귀와 영화는 보이지 않는 수많은 대중들의 도움 위에서 이루어진 것임을 생각하고, 항상 겸손한 마음으로 이들의 은혜에 감사해야 합니다.

153

차라리 진실한 말을 하여
원망과 미움을 받을지언정
아첨하는 말을 하여 사람과 친하려 하지 말고
차라리 정법을 설하고 지옥에 떨어질지언정
삿되고 아첨함을 설하여서
천상에 나려고 하지 말라

/ 보설본연경

➜ 바른 말을 하는 것은 불자의 기본 도리입니다. 그러
나 세상을 살다 보면 자기의 편의를 위하여 때로는 거
짓말을 하기도 합니다. 그러나 거짓말을 덮기 위해서
는 더 큰 거짓말을 해야 합니다. 그렇게 해서 작은 거짓
이 큰 거짓을 만드는 것입니다.
거짓말을 하느니 차라리 침묵을 지키십시오.

154

자기의 잘못을 지적해 주고
적당히 꾸짖어 주는 사람은
숨겨진 보물을 가르쳐주듯이
나에게 복이 될 뿐 화는 되지 않는다

/ 담마빠다

➔ 요즘 사람들은 사회생활은 하고 있으나 외부 세계와
단절되어 있는 경우가 많습니다. 남에게 간섭 받기도
싫고 남의 일에 관여하기도 싫어합니다. 혼자서 밥 먹
고 혼자서 놀면서 마음의 문을 닫고 있습니다.
그렇지만 내가 잘못했을 때 지적해 주고 바른 길로 이
끌어 줄 친구 하나쯤은 있어야 하지 않을까요.

155

사람들은 살면서 끊임없이 죄를 짓게 됩니다.

몸으로는 살생을 하거나 다른 생명을 해치기도 하고

남의 것을 빼앗거나 훔치기도 합니다.

또한 그릇된 성행위를 통하여 상대를 괴롭히거나

관련된 사람에게 정신적 피해를 입히기도 합니다.

입으로는 거짓말을 하고 남을 중상모략하며

거친 말을 하여 상대를 모욕하고

쓸데없는 말을 하여 분란을 일으킵니다.

마음으로는 늘 어리석은 생각을 하며

언제나 탐욕으로 가득차 있습니다.

불교의 수행은

깊은 산속에 들어가야만 할 수 있는 것이 아닙니다.

평소 생활 가운데에서 자신을 항상 살펴

몸과 말과 마음을 다스리는 것이 불교의 수행입니다.

유익함을 보지 못하고

그릇된 길 알려주는 벗을 피하라

감각적 쾌락으로 이끄는

게으른 벗을 가까이 말고

무소의 뿔처럼 혼자서 가라

/ 숫따니빠다

➜ 근묵자흑近墨者黑이라는 말이 있습니다. 먹 가까이에 가면 같이 검어진다는 뜻입니다. 친구를 사귐도 이와 같아 좋은 친구를 사귀면 같이 발전하고 나쁜 친구를 사귀면 나쁜 길로 들어서기 쉽습니다. 휩쓸려 놀기 좋아하는 벗보다는 참으로 나의 발전을 이끌어 줄 벗을 사귀십시오.

벗 중에는 같이 불교를 논할 도반이 가장 좋은 벗입니다.

157

하늘이든 바다든 산속의 동굴이든
악업을 지은 이가 과보를 벗어나
이 세상에 숨을 곳은 아무 데도 없다.

/ 담마빠다

→ 자기가 지은 업은 자기가 반드시 받아야 합니다. 신이 좌지우지하여 간섭할 일이 아닙니다. 인과의 그물은 너무나 촘촘하여 이 우주 안에서는 피할 길이 없습니다. 그러므로 불자들은 선업 쌓기를 즐기며 악업을 멀리해야 합니다.

적은 선이라도 그것이 습관되면 큰 복을 가져오고, 작은 악이라도 하찮게 여겨 반복하여 저지른다면 그 죄과는 감당할 수 없게 됩니다.

158

보살은 항상 대중 속에 머무르며 대중의 행복과 안녕을 위하여 온갖 방편을 구사합니다.

우리가 관세음보살을 비롯하여 지장보살 문수보살 보현보살 등 여러 보살을 받들고 모시는 것은 단순히 복을 구하기 위한 것이 아닙니다. 대중을 위하여 지혜와 자비로 온갖 방편을 구사하는 보살의 덕성을 따라 배우기 위함입니다.

그렇게 보살의 덕성을 따라 배우며 그러한 덕성이 나에게 갖추어지기를 염원하다 보면 그러한 덕성이 마음에 배이게 되고, 그러한 덕성을 실천할 때에 복덕은 저절로 갖추어지게 됩니다.

거울이 없으면 내가 나의 모습을 볼 수 없는 것처럼, 우리는 보살의 모습을 통하여 사실은 자기의 마음을 투영해 보는 것입니다.

159

악을 행하는 것도

더러워지는 것도

스스로 그렇게 한다

악을 행하지 않는 것도

깨끗해지는 것도

스스로 그렇게 한다

깨끗하고 더러운 것은

자신에게 달린 것

그 누구도 남을 어쩌지 못한다

/ 담마빠다

➜ 선과 악, 더럽고 깨끗한 것은 모두 스스로가 그렇게
만드는 것입니다. 그리고 그 결과는 바로 자기 자신이
짊어집니다. 절대적인 신이 있어 벌을 주고 화를 주는
것이 아닙니다. 자기가 짓고 자기가 받는 것이 불교에
서 말하는 자작자수(自作自受)입니다.

160

남을 위한답시고
자신의 할 바를 소홀히 말라
자신의 할 일을 먼저 알고
거기에 충실하라

/ 담마빠다

➜ 자기 오지랖도 못 챙기면서 주제넘게 남의 일에 간
섭하는 사람들이 있습니다. 남을 가르치거나 남을 이
끌려면 자기가 먼저 바로 서야 합니다. 나이든 부모가
자식을 위하여 몸을 아끼지 않고 일하다가 오히려 몸
과 마음을 망쳐 자식들에게 부담을 안기는 어리석음을
저지르는 사람들이 있습니다.
자신을 먼저 돌보는 것이 도리어 남을 위하는 길입
니다.

161

지금 이곳을 두고
어디에서 다른 세계를 구한단 말인가
극락도 지옥도
열반도 번뇌도
지금 여기
내 마음이 만들고 있는데

/ 환당대종사 어록

➔ 불교, 그중에서도 밀교는 현실을 적극적으로 긍정합
니다. 사람들과 어울리면 어울리는 대로, 혼자면 혼자
인 대로, 우리 마음에 따라 지금 이곳이 극락이고 지옥
이 될 수 있음을 자기 마음을 통하여 바라보라고 가르
칩니다.

162

도반을 가르치고 바르게 이끄는 이를
악인들은 미워하고 착한 이는 공경한다

/ 담마빠다

→ 역사 속의 많은 성인들은 바른 길을 가려고 했으며
세상 사람들을 바른 길로 이끌려고 힘썼습니다. 그러
나 악인들은 그러한 성인들을 핍박했습니다. 악인들이
미워하는 그 사람이 바른 사람임을 미루어 아는 지혜
를 요즘 사람들이 좀 가졌으면 좋겠습니다.

163

자식이 있는 이는 자식 때문에 슬퍼하고

소를 가진 이는 소 때문에 슬퍼한다

애착에 의하여 슬픔이 생기나니

애착이 없으면 슬픔도 없다

/ 숫따니빠다

→ 배고파서 밥 먹는 것이 욕심이 아닙니다. 포식하거

나 값비싼 것만 찾아 먹는 것이 욕심입니다.

자식이 있고 재산이 있는 것이 흉이 아닙니다. 자기 자

식에 집착하여 남의 자식을 무시하고 자신의 재산에

집착하여 남에게 손해를 끼치는 것이 욕심입니다.

집착하는 사람은 집착의 대상 때문에 괴로워하고 슬퍼

하게 된다는 당연한 이치를 사람들은 가끔 잊고 지냅

니다.

164

진리를 즐기는 이는 언제나 행복하다
현자는 성인이 가르친 진리 속에서
언제나 즐겁게 안락함을 누린다

/ 담마빠다

➔ 우리가 이 세상에서 괴로움을 겪게 되는 것은 언제
나 진리에 어긋나게 행동하고 어긋나게 말하며 어긋난
마음을 먹기 때문입니다. 괴로우나 즐거우나 진리에
바탕을 둔 삶은 언제나 행복합니다.
진리를 좇아 불문에 귀의한 여러분들 초심을 변하지
마십시오.

165

살아 있는 것을 해치지 말라
그 어떤 것도 해치지 말라
자녀도 바라지 말고 번거로운 동료도 가지지 말라
무소의 뿔처럼 혼자서 가라

/ 숫따니빠다

➔ 내가 해꼬지를 당하면 괴롭습니다. 그것에 미루어
불교에서는 다른 모든 생명을 해치거나 괴롭히지 않습
니다.
내 것을 빼앗기면 분해합니다. 남들도 마찬가지입니다.
그렇기 때문에 남의 재산과 명예도 존중해 주는 것입
니다

166

아견我見을 가진 중생이 허망한 윤회를 받는 것이니,
무슨 까닭인가 하면, 무시이래로 계교와 집착을 일
으켜서 나와 남을 분별하기 때문이다.

/ 문수사리문법경

→ 이 우주는 연기緣起의 세계입니다. 어느 것 하나도
홀로 존재하는 것이 없습니다. 서로 의지하여 끊임없
이 변천해 가는 것이 우주와 세계의 모습입니다. 이러
한 이치를 모르고 나만 잘 살겠다고 발버둥칠수록 세
상은 더욱 살기 어렵게 됩니다. 최근 우리나라의 물가
폭등의 원인도, 생산물의 부족에서 오는 일시적인 오
름새도 있지만 이기적인 생각으로 다른 물건 값도 비
싸게 올려 받는 연쇄 반응이 일어나서 그런 것입니다.
다 함께 잘 살자는 공생의 마음이 없으면 삶은 더욱 어
려워지게 됩니다.

167

사귐이 깊어지면 애착이 생기나니
애착이 있으면 괴로움이 따른다
애착에서 생기는 괴로움을 살펴보고
무소의 뿔처럼 혼자서 가라

/ 숫따니빠다

➜ 내가 가진 것이 적으면 괴로움도 그만큼 줄어듭니다. 천석꾼 천 가지 걱정 만석꾼 만 가지 걱정이라는 말이 있습니다. 가진 것만큼 신경 써야 할 것이 더 많아집니다.
인간관계이든 재물이든 단촐한 것이 좋습니다. 나이 들수록 이런 이치가 더 와 닿습니다.

168

감로수와 독약은 입안에 있으니
진실한 말은 감로수요 거짓말은 독약이네
감로수는 버려두고 독약을 가져다
자기도 망치고 남마저 해치네

/ 정법염처경

➜ 바른 말은 감로수처럼 모두를 이익되게 하지만 거짓
말은 독약이 되어 자신도 해치고 남도 해칩니다. 특히
높은 위치에 있는 사람일수록 진실한 말을 하도록 해
야 합니다. 높은 자리에 있는 사람의 거짓말은 수많은
사람들을 불행에 빠뜨리기도 합니다. 거짓말을 하느니
차라리 입을 닫는 것이 더 낫습니다.

169

단단한 바위는 바람에 흔들리지 않는다
지혜로운 이는 칭찬이나 비난에 흔들리지 않는다

/ 담마빠다

→ 나를 칭찬하든지 비난하든지 그것은 상대방의 마음입니다. 거기에 일희일비할 필요는 없습니다. 그런데도 세상 사람들은 칭찬해 주면 우쭐하고 비난하면 화를 내고 슬퍼합니다. 상대방이 어떻게 평가하든 나는 항상 나입니다. 지혜로운 이는 바위처럼 의연하여야 합니다.

170

맑고 고요한 깊은 호수처럼
지혜로운 이는 법을 듣고
맑고 고요한 마음을 얻는다

/ 담마빠다

→ 세상의 파도는 늘 일렁거립니다. 나는 가만히 있고
싶어도 바람이 일어 항상 나를 동요하게 합니다. 이것
이 사바의 모습입니다. 그러나 그러한 와중에도 진리
를 의지하여 고요히 흔들리지 않는다면 그는 진정한
성자일 것입니다.

171

인색한 자들은 범천에 나지 못한다
어리석은 자들은 보시를 칭찬하지 않는다
지혜로운 이는 보시를 기뻐하며
그로 인하여 내세에도 행복하리라

/ 담마빠다

➜ 범천梵天은 인도의 신화에 나오는 창조신 브라흐만
이 다스리는 하늘나라로, 중생들의 죽어서 태어나는
이상향입니다. 부처님께서는 불교의 심오한 이치를 받
아들이기 어려운 사람들에게는 먼저 보시를 권하고,
그다음으로는 일상생활을 절제하며 사는 계행을 가르
치셨다고 합니다. 그러면 좋은 곳에 태어날 수 있다고
합니다. 이것을 시론, 계론, 생천론의 삼론이라고 합니
다. 보통 사람들은 보시만 잘 행하여도 그에 맞는 복을
누릴 수 있습니다.

172

벗이나 동료들과 어울리게 되면
마음이 얽매여 유익함을 잃으니
사귐에서 오는 불행을 살펴보고
무소의 뿔처럼 혼자서 가라

/ 숫따니빠다

→ 군중 속의 고독이라는 말이 있습니다. 현대인들은
특히나 외로움을 더 많이 느낀다고 합니다. 외로운 것
은 마음이 닫혀 있기 때문입니다. 마음이 열려 있으면
모든 중생이 벗이고 보살펴야 할 대상입니다.

외롭다고 하여 쓸데없는 인간관계를 확장하려고 술자
리를 만들고 익명의 만남을 주선하는 것 등은 삶을 더
번거롭게 만드는 일입니다. 차라리 무소의 뿔처럼 혼
자서 가십시오.

173

적은 선업을 복보가 없다고 하여
가볍게 여기지 말라
물방울이 극히 작지만
큰 그릇을 점점 채우는 것이니
선업도 점점 더하면
적은 것이 넓고 큰 것을 이루게 되는 것이다

/ 법집요송경

➡ 큰 복을 한꺼번에 지으려고 하지 마십시오. 일상에서의 작은 선행들이 모여 큰 복을 누리게 됩니다. 물 한 방울도 아껴 쓰고 밥 한 술 먹는데도 중생들의 은혜를 생각하며, 보는 사람마다 미소를 띄워주고 친절한 말 한 마디 건네주는 그러한 작은 선업들이 모여 그를 복된 삶으로 이끕니다.

174

홀륭한 사람은 집착하지 않으며
욕심을 채우기 위한 말을 삼간다
즐거움이 오거나 괴로움이 닥쳐도
지혜로운 이는 흔들리지 않는다

/ 담마빠다

➡ 이 세상은 내 뜻대로 되는 것이 거의 없습니다. 그것
이 사바세계입니다.

잠깐 왔다 가는 인생 자식에 집착하고 이성에 집착하
고 재물에 집착하고 헛된 명예에 집착하며 짧은 생을
보냅니다. 스스로를 괴롭히면서.

그러나 지혜로운 이는 이런 것들에 흔들리지 않습니
다. 그냥 뚜벅뚜벅 걸어갈 따름입니다. 오는 것 막지 않
고 가는 것 붙들지 않습니다.

175

자식이나 아내에 대한 애착은
뒤엉켜 있는 나뭇가지와 같다
그러나 죽순은 얽히지 않고 크듯이
무소의 뿔처럼 혼자서 가라

/ 숫따니빠다

➜ 자식이나 아내에 대해 지나치게 집착하는 사람들이
있습니다. 그런 사람들일수록 가족에 대한 원망도 더
큽니다. 내가 이만큼 해 주었는데 자식이나 아내는 기
대만큼 해 주지 않으니 집착이 미움이 되어 노년을 불
행하게 보내는 사람이 많습니다.
그저 담담하게 가족에 대한 의무를 하면 됩니다. 자식
이 독립할 나이가 되면 독립시켜 주고 배우자의 자유
도 존중해 주면 됩니다. 남보다는 좀 더 가까운 관계로
지내면 기대도 없고 원망도 없습니다.

176

자신을 위해서든 남을 위해서든
아들이나 재산이나 권력을 바라지 않고
나쁜 수단으로 욕심을 채우려 않는 이는
덕이 있고 지혜로우며 바른 사람이다.

/ 담마빠다

➜ 덕이 있고 지혜로운 이는 우선 욕심이 없습니다. 내
가 하는 모든 일은 대중을 위해서, 대중에게 봉사하기
위해서 합니다. 자질구레한 나의 욕심을 위해서가 아
니라 모든 중생들이 괴로움에서 벗어나 행복을 누리도
록 도울 뿐입니다. 그것은 곧 보살의 길이기도 합니다.

177

숲속의 짐승이 자유롭게 거닐 듯
지혜로운 이는 얽매이지 않으니
무소의 뿔처럼 혼자서 가라

/ 숫따니빠다

→ 무엇이든 집착과 애착에서 괴로움과 미움이 싹틉니다. 불편한 인간관계에 얽매여 살아갈 필요가 없습니다. 많은 사람들은 자기도 모르게 상대에게 세뇌되어 평생을 거기에 끄달려 괴로워하며 살고 있습니다.
종교에 대해서도 마찬가지입니다. 삿된 종교에 가스라이팅 당해 평생을 거기에서 헤어 나오지 못하는 경우가 많습니다.
인간관계든 종교생활이든 그것으로 인하여 행복해야 하는데, 괴로움이 많다면 과감히 벗어던지고 무소의 뿔처럼 혼자 거니는 것이 좋습니다.

178

오직 소수만이 저 언덕에 이른다
많은 이들은 이쪽 기슭에서
서성거리고 있을 뿐이다

그러나 진리를 따르는 사람은
마침내 저 언덕에 이르게 된다
죽음도 그 곳에는 이르지 못하리

/ 담마빠다

➔ 괴로움의 이 기슭에서 열반의 저 언덕에 이르는 사람은 실로 적습니다. 불교의 진리를 바르게 알고 그것을 실천하며 체득하는 사람은 극소수입니다. 불교 공부를 하면 할수록 나 자신은 더 작게 느껴지고 부처님은 더 없이 위대해 보입니다.

179

지혜로운 이는

어둠을 버리고 빛을 따른다

집을 나와 출가하여 한적함을 즐기면서

/ 담마빠다

➜ 옛날이야기에 이런 것이 있습니다.

마차를 모는 어떤 사람이 서울 가는 길을 물었습니다.
서울이 저쪽이라고 알려주자 그 사람은 반대 방향으로
달렸습니다. 그쪽이 아니라고 외치는데도 나의 마차는
4마리나 되는 말이 끌고 있으니 금방 도착할 거라고 말
합니다. 그러나 그 사람은 달리면 달릴수록 서울과는
멀어질 것입니다.

외도에 빠진 사람은 아무리 열심히 정진해도 진리와는
점점 멀어질 것입니다. 어둠을 버리고 참 진리를 찾으
십시오. 불교는 빛입니다

180

동료들과 어울리면 간섭이 많다
서 있거나 걷거나 나들이 때도
번거로이 간섭을 받느니보다
유유히 자유롭게 지내려거든
무소의 뿔처럼 혼자서 가라

/ 숫따니빠다

➜ 동료들과 어울리지 않으면 소외될까봐 피곤한 가운데에도 만남을 지속하는 젊은이들이 많습니다. 술을 마시며 왁자지껄 떠들다 보면 그 시간은 그래도 즐거운 것 같지만 자신에게 남는 것은 아무 것도 없습니다. 친구라는 명목으로 가기 싫어도 같이 가야 하고 이러쿵저러쿵 간섭이 많습니다. 그런 관계라면 차라리 과감하게 정리하십시오. 혼자서 조용히 책을 읽고 명상을 하면서 장래를 계획하는 것이 훨씬 낫습니다. 썩 도움이 되지 않는 인간관계보다는 무소의 뿔처럼 혼자서 가는 것이 낫습니다.

181

서두르거나 게으르지도 않으면서
세간의 무상함 꿰뚫어보고
애욕을 벗어버린 수행자는
이 언덕도 저 언덕도 모두 버린다.
뱀이 묵은 허물을 벗어버리듯.

/ 숫따니빠다

➜ 애욕은 소금물과 같아 마시면 마실수록 목이 더 탑
니다. 애욕은 설탕물과 같아 마시면 마실수록 목이 더
탑니다.

사람들은 사랑이란 이름으로 애욕을 갈구하지만 그것
은 또 다른 괴로움의 사작임을 알아야 합니다. 무상함
을 통찰한 수행자에게 애욕은 한갓 물거품과 같고 아
지랑이와 같은 것입니다. 불도 수행자는 오직 무량한
자비심으로 이성을 대할 따름입니다.

182

보살은 중생을 이롭게 하려는 까닭에
세간의 모든 기술과 예술을 익히는 것이니
이른바 문자, 산수, 도서, 인쇄, 또는
지수화풍의 온갖 원리와 모든 이론에 통달하며
또 좋은 약방문으로써 모든 병을 치료한다

/ 화엄경

→ 대승보살은 세속에 어울리면서 자기가 가진 모든 지
식과 기술로 중생들을 이롭게 합니다. 그래서 모든 세
간 지식도 익힐 수 있는 것은 모두 익혀야 합니다. 자기
가 무슨 일을 하건 그것이 모두 중생들을 이롭게 한다
고 생각하면 어느 것 하나 소홀히 할 것이 없습니다.
모든 지식과 기술이 중생을 위하는 자비심이 바탕이
된다면 다 필요합니다. 자기가 하고 있는 일에 자부심
을 가지십시오. 이 모든 것이 중생을 이롭게 하기 위한
것이라고.

183

세간에 있는 경서, 전적, 서회, 논문을 모두 통달하
면, 이러한 인연으로 보리를 성취할 때에 부처님의
지혜를 얻어서 더함도 없고 덜함도 없는 것이니, 이
러한 지혜를 걸림이 없는 지혜라고 한다

/ 대집경

→ 불교를 바로 알기 위해서도 세간의 지식을 습득하는
것은 필요합니다. 불교를 공부하면서 세간의 지식을
익혀 놓으면 이웃에게 불교를 가르쳐 주는 데도 유리
합니다. 깨달았다는 분이 말문이 막혀 주장자만 내리
치는 것을 큰 법문이나 되는 듯이 칭송하는, 벌거벗은
임금님 놀이는 하지 말아야 합니다. 경전 문구도 이해
하지 못하는 대중을 앉혀 놓고 뜬금없는 선문답은 가
당치도 않은 일입니다. 자비심이 없는 위선입니다.
참된 보살은 중생을 교화하는 데에 도움이 된다면 세
간의 모든 것을 잘 알아 근기에 맞추어 법을 베풀어 줄
수 있어야 합니다.

184

마음이 고요해야 지혜가 일어납니다. 지혜가 있어야 괴롭지 않게 살 수 있습니다. 불교는 오로지 괴로움에서 벗어나는 길만을 가르칩니다.

우리가 운동을 하여 몸을 단련하듯이 마음도 단련해야 합니다. 몸을 튼튼하게 하려면 반드시 운동이 필요한 것처럼 흔들리지 않는 마음을 유지하려면 마음도 훈련을 해야 합니다. 그것이 참선이고 명상이며 절하고 염불하는 것입니다. 진언을 외우는 것도 큰 공부가 될 수 있습니다.

지혜가 우러나오는 마음공부를 하기 위해서는 먼저 자기에게 가장 잘 맞는 방법을 선택하여 정진하십시오.

185

반야심경을 수만 번 읽어도
그 뜻을 모르는 사람들이 많습니다.
반야심경을 반복하여 읽으면
마음이 가라앉고 뭔가 뿌듯함을 느낄 수 있습니다.
그러나 뜻을 모르고 읽는 것은 숟가락이
맛을 모르는 것과 같습니다.
그 뜻을 알고 읽으면
공덕이 더욱 늘어납니다.
이제부터는 경전의 한 구절이라도
뜻을 알고 실천하도록 해야 합니다.
무엇이 바른 실천인지도 모르면서
실천한다고 하는 것은 말이 안 됩니다.
공부하는 불자가 되어
참된 실천으로 나아가길 기원합니다.

186

서두르거나 게으르지도 않으면서
세간의 무상함 꿰뚫어보고
미움을 벗어버린 수행자는
이 언덕도 저 언덕도 모두 버린다.
뱀이 묵은 허물을 벗어버리듯.

/ 숫따니빠다

→ 출가 수행자 중에는 세속에서 이루지 못한 야망을 종교를 통하여 한풀이하고 싶어 하는 그런 사람들도 있습니다. 고급 승복에 고급 차를 타며 온갖 좋은 곳에 놀러 다닙니다. 이런 사람들은 아직도 세속에서의 미움과 원망을 가슴 가득히 채우고 있는 불쌍한 사람들입니다. 무상함을 통찰한 수행자는 미움 자체가 없습니다. 아무런 미련도 없고 오직 자비심만 충만합니다.

187

어리석은 자들과 가까이 지내면
참으로 오랫동안 괴로워하리라
어리석은 자들과 함께 지내면
적들과 함께하듯 언제나 괴롭다
그러나 현명한 이와 가까이 하면
친척들과 함께하듯 항상 즐겁다

/ 담마빠다

➜ 어리석은 자들과 함께하는 것은 정말 괴로운 일입니다. 어리석은 사람들은 좋은 방안을 말해 주어도 도리어 의심하고 그런 방안을 낸 사람을 질투하고 시기합니다. 오죽하면 어리석은 자들과 함께 있는 것이 적들과 함께하듯 괴롭다고 말씀하셨겠습니까? 그러나 현명한 이와 함께하면서 따라 배우면 늘 이익됨이 있고 즐거움이 따릅니다. 항상 선지식을 사귀기를 힘쓰십시오.

188

자기보다 나을 것 없는 이와

괴로워하면서 함께 사느니

차라리 혼자서 사는 게 낫다

어리석은 자와는 벗하지 말라

/ 담마빠다

→ 항상 자기보다 나은 선지식과 함께 하도록 마음을 기울여야 합니다. 나보다 나을 것이 없는 어리석은 사람과 굳이 사귈 필요는 없습니다. 겉모습에 홀려 결혼했다가 평생을 망치는 사람들이 많이 있습니다. 자기의 눈이 낮으면 만나는 사람들도 늘 그 수준입니다. 선지식을 만나려면 스스로 격을 높여야 합니다.

189

어리석은 자가 스스로 어리석음을 알면

그는 이미 지혜로운 사람이고

어리석은 자가 스스로 지혜 있다 여기면

그는 참으로 어리석은 자이다

/ 담마빠다

➜ 우리는 완벽한 깨달음을 얻기 전에는 모두 어리석은 존재입니다. 그런데도 사람들은 스스로는 어리석다는 것을 눈치 채지 못합니다. 그것이 참으로 어리석은 것입니다. 내가 어리석다는 것을 알고 끊임없이 지혜를 추구하는 사람은 지혜로운 사람입니다.

불교에서는 자비와 함께 지혜를 중시합니다. 지혜가 없는 수행은 단지 고집불통의 오만방자한 거짓 수행자를 만들 뿐입니다

190

차림새는 잘 갖추어 입었더라도
평온하게 살면서 자신을 절제하고
청정하며 진리에 확신이 있으면서
중생을 해치지 않는 고결한 사람은
바라문이며 구도자이고 수행자이다

/ 담마빠다

⇒ 우리는 겉모습에 너무 치중합니다. 그 사람의 인품
을 보기 전에 잘 차려 입은 사람에게는 먼저 후한 점수
를 줍니다. 특히 우리나라 사람들은 외양에 대한 집착
이 심해서 자기 분수에 맞지 않게 고급차를 타거나 자
기 월급의 몇 배나 되는 고급 가방을 매고 다니는 여성
도 있습니다. 자기만족을 위해서라고는 하지만 남들이
자기를 고급으로 봐 주기를 바라는 마음이 밑바탕에 있
습니다. 특히 출가승이 너무 비싼 승복을 입은 것을 보
면 눈살이 찌푸려집니다. 불자들도 진정한 구도자와 수
행자를 알아보는 안목을 길러야 할 필요가 있습니다.

191

모두가 폭력을 두려워하며
누구나 죽음을 무서워한다
이것을 안다면 남을 해치거나
남으로 하여금 해치게 하지 말라

/ 담마빠다

➜ 불교의 윤리관은 항상 상대적입니다.

누군가가 나를 해치고 나의 것을 침해하면 싫어하듯
이, 나 또한 남을 해치거나 남의 것에 손해를 입혀서는
안 됩니다. 남이 나를 흉보거나 나에게 욕설을 하면 화
가 나듯이, 나 또한 남에게 그렇게 하면 상대방도 좋아
하지 않을 것입니다. 사람들은 이런 단순한 이치를 잊
어버리고 자기가 당할 때는 화를 내면서도 남에게는
뻔뻔하게 그렇게 합니다.

192

자식과 재산에 집착하면서
어리석은 자는 괴로워한다.
이 몸도 진정한 내 것이 아닌데
자식과 재산은 더 말해 무엇하랴

/ 담마빠다

→ 어리석은 자는 자식과 재산에 집착하면서 온갖 악행을 저지릅니다.

황금 일만 냥을 물려주는 것보다 한 자식을 잘 가르치는 것이 훨씬 낫다는 말도 있습니다. 어리석은 이들은 자식을 잘 가르칠 생각은 하지 않고 재산을 물려주는 데만 급급하여 스스로는 삶도 즐기지 못합니다. 괴로움 속에서 남들에게 피해를 끼치면서 재산 모으기에 몰두하다가 죽은 후에는 오히려 자식들에게 싸움거리만 만들어줍니다.

집착을 떠난 지혜로운 불자는 이 세상도 저 세상도 모두 내려놓고 늘 즐거이 살아갑니다.

193

나쁜 습성 조금도 남기지 않고
악의 뿌리 완전히 뽑아버린 수행자는
이 언덕도 저 언덕도 모두 버린다
뱀이 묵은 허물을 벗어버리듯

/ 숫따니빠다

➜ 수행의 완성은 하루아침에 이루어지지 않습니다. 끊임없이 자신을 살피며 말과 행동과 생각의 나쁜 습성을 꾸준히 제거해 나가야 합니다. 먹고 마시며 사람을 대하는 모든 것이 법문이 되고 수행의 대상이 되어야 합니다. 그렇게 일상을 통하여 나쁜 습성이 모두 제거되고 악의 뿌리가 완전히 도려내어지면 그때서야 비로소 수행이 완성되었다고 말할 수 있습니다.

194

십이인연은 어리석음을 근본으로 삼으니
어리석음은 모든 죄의 근원이요
지혜로움은 모든 행의 근본이다
어리석음을 먼저 끊은 후에야
뜻이 고요한 선정이 이루어진다

/ 법구비유경

➜ 우리의 삶은 어리석음의 되풀이입니다. 그것이 윤회
입니다.

어리석음으로 인하여 모든 죄를 짓게 됩니다. 죄라는
것은 자기도 괴롭히고 남도 괴롭게 되는 것입니다.
앵무새처럼 경구만 외운다고 지혜로워지지는 않습니
다. 한 구절이라도 마음에 새기고 그 깊은 의미를 이해
하고 거기에 따른 실천이 있어야 합니다. 그것이 참으
로 지혜로운 것입니다.

195

참된 진리는 가까이 하기 어렵다

그래서 사람들은

손쉬운 신에게 의지한다

있지도 않은 신을 믿는 것을

부처님께서는

얼굴도 모르는 미인을

사모하는 것과 같다고 하셨다

/ 환당대종사 어록

➔ 지금과 같은 문명시대에도 사람들은 터무니없는 신을 믿고 있습니다. 따져보지도 않고 무조건 자기들의 성전을 믿고 따릅니다. 더구나 그런 폐단으로 서로를 죽이는 살육이 지금도 지구 곳곳에서 벌어지고 있습니다. 인종차별과 여성차별이 터무니없는 신의 계시로 벌어진다고 생각해 보십시오. "믿습니다"만 외치면 우선은 마음 편할지 모르겠지만 진리와는 거리가 멉니다.

196

붓다의 제자들은
천상의 쾌락조차 탐하지 않는다
그들은 오로지
갈애의 소멸만을 기뻐할 따름이다

/ 담마빠다

→ 쾌락이 영원히 지속한다면 그것을 누려도 좋겠지만,
감각적인 쾌락의 추구는 그 결말이 항상 비참합니다.
마치 목이 마를 때에 소금물을 마시는 것처럼 점점 더
강도가 센 쾌락을 추구하게 됩니다. 그러다가 결국은
마약과 같은 극도의 쾌락을 추구하다가 심신이 망가져
버립니다. 그래서 불자들은 감관을 제어하면서 오직
갈애를 없애는 것에만 마음을 기울입니다.

197

감각적 욕망도 벗어 버리고
모든 집착을 벗어났도다
지혜로운 이는 마음을 닦으며
오로지 열반에만 마음을 쏟네

/ 담마빠다

➜ 세속에서의 즐거움은 괴로움의 씨앗이 됩니다. 감각
적 욕망과 집착은 괴로움의 씨앗입니다. 불교에서 말
하는 열반은 모든 괴로움이 없어진 상태입니다. 물론
괴로움의 씨앗도 남기지 않습니다.

198

마음을 잘 가꾸어 깨달음에 머물며
욕심도 벗어 놓고 집착도 없이
청정함에 빛나는 그런 사람은
지금 이 세상에서 열반을 얻는다

/ 담마빠다

➡ 열반은 최상의 안온한 경지입니다. 괴로움이 없어진
경지가 열반입니다.

불교의 열반은 죽어서 가는 천국과 같은 것이 아닙니
다. 마음의 눈을 뜨고 괴로움의 실체를 알아 욕심과 집
착을 벗어난 그 자리가 바로 열반입니다. 완전한 열
반은 얻지 못할지라도 탐욕과 집착을 내려놓으면 지
금 이 순간 이 자리에서 그만큼의 열반을 맛볼 수 있습
니다.

199

착한 일을 행한 이는
이 생에서도 기뻐하고
저 생에서도 기뻐한다
자기의 착한 행위를 보고
기뻐하며 행복해한다

/ 담마빠다

➜ 보시를 하고 봉사를 하며 누군가에 도움이 되는 착한 일을 했을 때에는 상대방도 기뻐하지만 누구보다도 자신이 더 뿌듯하고 기쁩니다. 그래서 육바라밀 가운데에 보시가 으뜸 자리에 있습니다. 내가 가진 것이 무엇이든, 그것이 재물이든 지식이든 나누어주는 것이 보시입니다. 내가 가진 것을 아낌없이 나누어주면 나에게는 그보다도 더 많은 것이 돌아옵니다. 스스로가 자랑스럽고 기쁜 것은 더 말할 나위가 없지요.

200

생사윤회의 여로를 끝내고
슬픔과 집착을 벗어난 이에게
더 이상의 괴로움은 존재하지 않는다

/ 담마빠다

→ 우리는 찰나에 죽으며 찰나에 다시 살아납니다. 그런데도 생사의 분별에 사로잡혀 영원히 살고 있다고 착각합니다. 내가 있다는 이 망념이 내 몸을 집착하게 하고 내 것을 집착하게 합니다. 집착하는 것을 영원히 소유하려 해도 어느 것 하나 영원한 것은 없습니다. 거기에 슬픔이 생기고 괴로움이 생깁니다. 나와 내 것이라는 어리석음을 벗어날 때에 윤회는 그치고 영원한 안락이 주어집니다. 그것이 해탈이고 열반입니다

201

네 가지 한량없는 마음을 닦아
해치려는 마음을 지니지 말며
무엇에나 만족하고 두려움 없이
무소의 뿔처럼 혼자서 가라

/ 숫따니빠다

→ 네 가지 한량없는 마음이 사무량심입니다. 자慈, 비
悲, 희喜, 사捨의 네 가지 마음은 많은 중생에게 무량한
복을 주기 때문에 사무량심이라고 합니다. 자무량심은
중생에게 즐거움을 주고, 비무량심은 중생의 괴로움을
없애주고, 희무량심은 중생에게 기쁨을 주며, 사무량심
은 중생을 평등하게 생각하여 사랑하고 미워하는 마음
을 버리는 마음입니다.
사무량심이 있으면 모든 중생이 내 몸과 같아 해치려
는 마음이 없어집니다. 자기 몸을 해치는 어리석은 사
람이 어디 있겠습니까? 자기 몸을 사랑하듯이 모든 중
생을 사랑하는 마음이 사무량심입니다.

202

거짓말은 사실이 아닌 것을 말하는 것이다.
그런 것을 그렇지 않다고 하고
그렇지 않은 것을 그렇다고 하는 것이 거짓말이다.

/ 대지도론

➔ 한마디로 나쁜 마음으로 남을 속이거나 사실대로 말
하지 않는 것이 거짓말입니다. 거짓말의 의도는 사실
을 사실대로 말하지 않는 것으로 자기의 이득을 취하
려는 것입니다. 즉 거짓말을 통해 재물이나 명예를 얻
거나, 혹은 단순히 자신의 거짓말에 남들이 속는 것을
보고 재미를 느끼는 경우도 있습니다. 어떤 경우에도
거짓말에는 과보가 따른다는 것을 명심해야 합니다.

203

우리의 괴로움은 욕심내고 화내고
어리석은 것 때문에 생깁니다.
이것을 탐진치 삼독이라고 합니다.
독이라고 말한 것은
그것들이 항상 괴로움을 주기 때문입니다.
삶에 있어서 항상 닥쳐오는 것은
끊임없는 괴로움입니다.
삶은 괴로움을 극복하는 투쟁의 연속입니다.
불교에서는 괴로움에서 벗어나는 것을 가르칩니다.
그것은 탐진치 삼독을 제거하는 것뿐입니다.
터무니없는 욕심을 내다가
그것이 제대로 이루어지지 못하면 화를 냅니다.
그러다가 살인, 폭행, 사기, 기만, 절도 등의
어리석은 행위를 하게 됩니다.
이 과정에서 괴로움은 쉴 새 없이 몰려듭니다.
이것을 막는 것이 불교입니다.

204

소리에 놀라지 않는 사자와 같이
그물에 걸리지 않는 바람과 같이
더러움에 물들지 않는 연꽃과 같이
무소의 뿔처럼 혼자서 가라

/ 숫따니빠다

➜ 자신이 진리의 갑옷으로 확고하게 무장되어 있으면 어떠한 역경도 훌륭히 이겨내며 어떠한 유혹도 쉽게 물리칠 수 있습니다. 진리의 갑옷은 온갖 비난과 더러움에서 우리를 지켜줍니다. 진리의 갑옷은 불법만한 것이 없습니다.

205

거짓말은 불 중에 가장 큰 불이요
독 중에 가장 큰 독이며
악도에 이르는 계단이다
나와 남을 불태우고 독으로써 죽이니
불과 독을 버리듯
거짓말을 버려야 한다.

/ 정법염처경

➜ 오계 가운데 망어, 즉 거짓말 하는 것을 삼가라고 한
것은 살생이나 도둑질처럼 그 과보가 엄중하기 때문
입니다. 요즘 정치인들이나 고위 공직자들이 거짓말을
뻔뻔하게 하는 것을 보면 아마 불교의 근처에도 가보
지 못한 사람들일 것입니다. 거짓말은 나와 남을 태우
는 불과 같고 서로를 죽이는 독약과 같습니다. 과보를
무서워하는 불자들은 항상 정직합니다.

206

갈애의 소멸에 방일하지 말고
어리석지 않도록 부지런히 공부하며
진리의 추구에 최선을 다하되
굳건히 씩씩하게 정진하면서
무소의 뿔처럼 혼자서 가라

/ 숫따니빠따

➜ 나이 들어 좋은 점 한 가지는 젊을 때처럼 어리석은
격정에 휘둘리지 않아도 되는 것입니다. 육체도 느려
지고 마음도 느려지니 느긋하게 진리를 공부하기에는
더 없이 좋은 나이입니다. 그렇지만 자기만의 세계에
집착하여 완고하지 않도록 항상 진리를 추구하는 마음
은 변치 말아야 할 것입니다. 생이 다하는 그 날까지 굳
건히 씩씩하게 무소의 뿔처럼 그렇게 나아가십시오.

207

악은 나로 인해 만들어지고
나에게서 생겨나 나를 망친다
금강석이 돌로 된 보석을 부숴버리듯

/ 담마빠다

➜ 불교에서 악이라는 것은 나에게 괴로움을 주는 것
입니다. 모든 괴로움은 나에게서 비롯된 것입니다. 나
의 괴로움이 외부에서 오는 것 같지만, 잘 살펴보면 그
괴로움의 씨앗은 자기 스스로가 만든 것입니다. 괴로
움의 원인을 스스로에게서 찾지 못하고 바깥을 향하여
원망만 쏟아낸다면 그의 괴로움은 영원히 그치지 않을
것입니다.

208

넝쿨이 사라나무를 옥죄듯이
나쁜 행위는 자신을 휘감으며
적들이 그것을 바라는 것처럼
스스로를 옥죄어 파멸시킨다

/ 담마빠다

➤ 나쁜 행위의 결과는 이웃도 해치게 되지만, 그 업보
는 자기가 가장 먼저 받습니다. '사나운 개 콧등 아물
날이 없다'라는 속담이 있듯이, 나쁜 행위를 하고 돌아
다니면 괴로움의 과보는 자기가 먼저 받게 됩니다. 그
런데도 사람들은 가끔 이 필연의 법칙을 잊고 삽니다.

209

자신을 해치는 그릇된 행위는
쉽게 할 수 있어도
자신을 지키는 올바른 행위는
하기가 어렵다

/ 담마빠다

➜ 나쁜 짓은 하기가 쉽지만 좋은 일은 하기가 어렵습
니다. 그래서 사람들은 좋은 일보다는 나쁜 일에 쉽게
빠져듭니다. 우리나라의 정치계를 보면서 그런 생각이
더 굳어집니다. 정의와 원칙을 지키려는 사람은 많은
핍박을 받습니다. 권력에 아부하는 사람은 우선은 좋
아 보이나 그 끝은 반드시 비참해집니다. 스스로는 정
의와 원칙을 철저히 지키지 못할지언정, 정의와 원칙
을 지키려는 사람들을 존경하고 지지하는 마음은 가지
고 있어야겠습니다.

210

유익함을 보지 못하고
그릇된 길 알려주는 벗을 피하라
감각적 쾌락으로 이끄는
게으른 벗을 가까이 말고
무소의 뿔처럼 혼자서 가라

/ 숫따니빠따

➔지금의 세상은 돈 때문에 친구간의 의리는 물론 부
모 형제간에도 원수처럼 지내는 사람들이 많습니다.
그러니 나에게 유익하고 바른 길을 일러주는 좋은 벗
을 사귀는 것은 그야말로 전생에 나라를 구하지 않고
는 어려운 일인가 봅니다. 나와 평생을 함께할 수 있는
선지식 하나만 내 곁에 있어도 그 사람은 인생을 잘 살
고 있다고 해야겠습니다.

211

모두들 독사나 칼날 보듯
사람들은 거짓말쟁이 피해간다네
가난하고 천박하며 질병으로 고통받고
행복은 멀어지고 공덕은 없어
목숨을 마친 뒤에는 지옥에 간다네

/ 정법염처경

→ 거짓말을 입에 달고 살다시피 하는 사람들이 있습
니다. 그런 사람들은 절대 가까이 해서는 안 됩니다. 자
기의 이익을 위하여 혹은 곤란한 상황을 모면하기 위
하여 남을 속이는 사람은 상대방에게도 피해를 주지만
결국은 그 손해가 고스란히 자기에게 돌아갑니다. 거
짓말하는 사람은 모든 사람이 외면하며 가난하고 천
박해집니다. 죽어서도 지옥에 가지만 살아서도 지옥의
고통을 맛보게 됩니다.

212

잘못된 견해에 사로잡히어

아라한과 성인과

바르게 사는 이의 가르침을 비웃는

어리석은 자들은

열매 맺은 갈대가 시드는 것처럼

스스로 파멸을 불러들인다

/ 담마빠다

➡ 가끔 외도들이 저급한 이론으로 불교를 비웃는 것을 보면 할 말이 없어집니다. 그들이야말로 열매 맺은 갈대가 시드는 것처럼 스스로의 파멸을 불러와 사람들에게 외면 받고 있습니다. 눈부신 과학의 시대에 불교의 교리가 서양에서 날로 인기를 더해가는 것을 보고도, 불교를 비방하는 외도들은 느끼는 것이 없나 봅니다.

213

사람은 입속에 도끼가 있어
자신을 거짓말로 찍어버리니
모두에게 미움 받고 선법 없애며
현세와 미래세에 이로움 없네

/ 정법염처경

→ 거짓말은 남에게 피해를 주는 것은 물론 불신으로
남에게 미움 받아 자신을 먼저 망쳐 버리고 미래에까
지 괴로움에서 벗어날 기회를 얻지 못합니다. 더 나아
가서는 인간 사회 자체를 파괴시켜 버리는 것이 거짓
말입니다. 그래서 불교에서는 거짓말을 매우 엄중하고
경계하고 있습니다. 살생과 도둑질, 부정한 성행위와
더불어 오계로써 거짓말을 단속하고 있는 것이 그 증
거입니다.

214

불교 경전의 말씀은
때로는 너무나 평범하고 당연하여
깊이가 없는 것처럼 보이기도 합니다
평범하면서 너무나 당연한 말씀이어서
사람들은 오히려 믿지 않는 경우가 있습니다.
콩 심은 데 콩 나고 팥 심은 데 팥 난다는 것이
불교의 진리입니다.
그럼에도 사람들은 이러한 평범한 진리를 무시하고
터무니없는 것을 믿고 따릅니다.
불교에서 말하는 미신이나 맹신이 곧 무명입니다.
환하게 밝게 비치는데도
혼자서 깜깜한 가운데에서
갈 길을 모르고 방황하고 있는 것이
무명에 덮인 중생들의 모습입니다.
진리는 우리의 평범한 일상 속에 있습니다.

215

저속한 삶을 살지 말며
방일하지 말라
잘못된 견해를 따르지 말며
세속에 연연하지 말라

/ 담마빠다

➔ 나이 들어서도 거짓말을 뻔뻔하게 하며, 자신이 했던 말도 쉽사리 뒤집는 고위층 인사나 정치인들을 보니 천하다는 생각이 드는 것은 저만의 생각은 아닐 것입니다. 수행자가 아니더라도, 고귀한 삶을 살며 자신에게 충실하고 정직한 사람은 늙어서도 빛이 납니다. 하물며 종교인이 삿된 견해와 세속의 영화를 바란다면 추악하기 그지없으며 무간지옥에 떨어질 죄업을 짓게 됩니다.

216

널리 배우고 많이 알아
진리를 따르는 벗을 사귀어라
유익함을 주고 의심을 덜어줄
그러한 벗을 가까이 하라
그렇지 않다면 차라리
무소의 뿔처럼 혼자서 가라

/ 숫따니빠다

➔ 나를 바른 길로 이끌어 주며 나의 지식을 넓혀주고
나의 잘못을 충고해 주고 나를 위해서는 무엇이든지
할 수 있는 그러한 벗이 하나만 있어도 그 사람의 인
생은 성공했다고 할 수 있습니다. 그런 벗이 없다면 차
라리 무소의 뿔처럼 혼자서 가는 것이 나을지도 모릅
니다.

217

노력하라 깨어 있으라

도리에 맞게 살라

이 길을 따르는 자는

이생에서나 내생에서

모두 행복하리라

/ 담마빠다

➤ 노력은 하지 않고 신에게 빌기나 하는 것은 참으로
어리석은 일입니다. 모든 일에는 노력이 먼저 따라야
합니다. 그리고 깨어 있어야 합니다. 깨어 있다는 것은
항상 스스로를 살펴 괴로움을 초래하는 악의 구렁텅이
에 빠지지 않도록 정신을 차리고 있는 것입니다. 불교
의 진리에 비추어 항상 바른 길을 생각하고 노력하며
깨어 있는 사람은 이생에서나 내생에서 행복을 누릴
수밖에 없습니다.

218

선가에서 수처작주隨處作主라는 말을 합니다. 언제 어디서든 스스로가 주체가 되라는 말입니다. 어떠한 경우에 처하더라도 항상 자기의 주체성을 확립하여 어떤 것에도 사로잡히지 말고 스스로가 주인공이 되어 걸림 없는 삶을 살라는 말입니다.

요즘 사람들은 자기 자신을 잃어버리고 남의 눈을 의식하며 사는 경우가 많습니다. 자기 월급보다도 많은 명품 가방을 산다거나 무리하게 고급 외제차를 모는 경우 등이 그러한 경우입니다.

수처작주를 하게 되면 늘 떳떳하고 무애자재한 삶을 살게 됩니다. 한마디로 괴로움이 없는 삶을 누릴 수가 있게 됩니다.

219

무식한 사람이 어찌
선지식을 알아보겠는가
선지식을 만나려거든
그만큼 배워라

/ 환당대종사 어록

➔ 자기가 보는 눈이 낮으면 그 정도 밖에 안 보입니다.
아는 만큼 본다는 말이 있듯이 내 수준이 낮으면 볼 수
있는 것에 한계가 있습니다. 진리는 멀리 하고 물질에
눈이 어둡다 보니 세상 사람들이 선지식을 몰라보고
교활하고 낯 두꺼운 인간들을 지지합니다. 욕심 많고
위선적인 사람들을 추종하고 부러워합니다. 선지식이
없는 것이 아니라 선지식을 가려내는 눈들이 없어졌습
니다.

220

보시를 하더라도 아무 곳에 아무렇게나 해서는 복이 되지 않습니다. 자갈밭에 씨를 뿌려 놓고서는 아무리 기다려도 싹이 트지 않는 것처럼 올바른 복전福田이 아니면 보시의 공덕이 일어나지 않습니다. 복전은 복의 공덕이 자라나는 밭과 같습니다. 지혜가 없는 보시는 보시를 받는 쪽을 도리어 망쳐 버릴 수가 있습니다. 그래서 불교에서는 항상 복덕과 지혜를 함께 강조하고 있습니다.

221

성인을 보는 것은 좋은 일이며
그들과 함께하면 항상 즐겁다
어리석은 자들을 보지 않는 것
그것 또한 언제나 행복이라네

/ 담마빠다

➜ 지혜로운 현자와 함께하며 배우고 따른다면 그보다
더한 행복은 없을 것입니다. 한편 어리석은 무리들 속
에서 자신이 어리석지 않다는 것을 항상 입증해야 하
는 그 괴로움도 여간 큰 것이 아닙니다.
지혜와 덕을 함께 지닌 성인이 있다면 기꺼이 믿고 따
르겠습니다. 그러나 지금의 세상에서 그런 사람들을
만나기란 정말 어렵습니다. 우리 불교도들은 부처님이
말씀인 경전을 통하여 성인을 만나는 대리 만족을 하
고 있습니다. 그러다 보면 어느새 나도 부처님을 닮아
있을지 모릅니다.

222

맛있는 것에 탐착하지 말며
다른 이를 거두어 줄 책임도 없으니
얽매일 것은 아무 것도 없다
오직 탁발에 의지하며
무소의 뿔처럼 혼자서 가라

/ 숫따니빠다

→ 탁발에 의지하여 돌아다니는 수행승은 그야말로 걸리적거릴 것이 없었습니다. 누구를 챙겨줄 책임도 없고 번다한 인연에 얽매일 일도 없었기에 수행에 더욱 전념할 수 있었습니다. 그러나 지금 세상은 비록 출가를 한다고 하여도 잡다한 일에 얽매일 수밖에 없습니다. 오히려 독신생활이 어설픈 출가보다 더 나은 것은 아닌가 하는 부질없는 생각도 해 봅니다. 무소의 뿔처럼 홀로 나아가는 것은 자기의 마음먹기에 달렸습니다.

지은이 화령(華靈, 이중석)

한국외국어대학교를 졸업하고, 동국대학교 대학원에서 철학박사(불교전공) 학위를 취득하였다.

동국대 역경위원, 불교총지종 교육원장, 보디미트라 ILBF(국제재가불자포럼) 회장 등을 역임하였다.

저서로 『담마빠다』, 『불교, 교양으로 읽다』, 『내 인생의 멘토 붓다』, 『초발심자경문』, 『관세음보살 예찬문』, 『생활불교, 재가불교』, 『대일경 주심품』, 『Buddhism in daily life』, 『밀교사상사개론』(공저) 등과 논문으로 「밀교비로자나불의 연구」, 「열린 불교를 위하여」, 「현대사회에서의 재가불자의 삶」, 「승속을 초월한 살아 있는 불교를 위하여」, 「오계준수와 그 현대적 의미」 등이 있다.

마음이 으뜸 되어 모든 일을 이루니

초판 1쇄 인쇄 2024년 8월 6일 | 초판 1쇄 발행 2024년 8월 13일
지은이 화령 | 펴낸이 김시열
펴낸곳 도서출판 운주사

(02832) 서울시 성북구 동소문로 67-1 성심빌딩 3층
전화 (02) 926-8361 | 팩스 0505-115-8361
ISBN 978-89-5746-846-3 03220   값 12,000원
http://cafe.daum.net/unjubooks 〈다음카페: 도서출판 운주사〉